En *Besar el rostro de Di[os]...* entrega del deseo de conoc[er...] es la vía que el Señor usa p[ara...] Hinn está aquí para ayudarnos a abrir nuestro espíritu a tal posibilidad.

—JACK W. HAYFORD, PASTOR FUNDADOR DE LA IGLESIA THE CHURCH ON THE WAY, CANCILLER DEL THE KING'S COLLEGE AND SEMINARY

No se puede estar alrededor de Sam Hinn sin sentir un apetito insaciable por alcanzar el rostro de Dios. Su vida misma respira adoración, lo cual es la manera en que debe ser. Nuestra vida entera es un llamado a adorar a Dios en todo lo que pensamos, decimos, hacemos y sentimos.

La gloria que viene al Cuerpo de Cristo y las naciones la prometió Dios a través de sus profetas. Nuestra disponibilidad para participar en el proceso, es el ingrediente que acelerará esa verdad que se dará a conocer. La compresión del pastor Sam sobre el rostro de Dios y el denuedo de Moisés al pedir en oración ver la gloria de Dios justo cuando la nación había cometido apostasía, es el entendimiento más poderoso que jamás he leído sobre la gloria de Dios pasando a Moisés.

No es solo porque considero al pastor Sam uno de mis amigos queridos que deseo que lea este tratado. Es porque si conecta su hambre por Dios con la de él, habrá una conexión espiritual y un acuerdo entre usted como lector y él como autor que le permitirá a Dios invitarlo al mismo encuentro que experimentó Moisés en la montaña sagrada. El pastor Sam lo llevará paso a paso hacia una dinámica de intercambios entre usted y su Padre celestial así como la poderosa revelación del mismo Dios mientras lo adora en espíritu y verdad.

¿Quién necesita leer este libro? Cualquiera que cree en la amonestación del apóstol Pablo: "Por tanto, nosotros todos, mirando a cara descubierta como en un espejo la gloria del Señor, somos transformados de gloria en gloria en la misma imagen, como por el Espíritu del Señor", (2 Corintios 3:18). ¡Gracias pastor Sam! Una vez más le has añadido valor a nuestras vidas, ¡y ciertamente estamos agradecidos!

—DR. MARK CHIRONNA
PASTOR Y AUTOR DE *DESCUBRA SU DESTINO*

En el libro *Besar el rostro de Dios*, el pastor Sam nos permite seguirlo desde los pies de Jesús, adorándolo como su Señor y Salvador, al mismísimo cuarto donde está el trono de Dios. Allí, dado el profundo anhelo por Su presencia él fue atraído a una relación de cara a cara con su Padre. Pero mientras besó el rostro de Dios se dio cuenta que su Padre también lo había besado. El deseo que por tanto tiempo tuvo en su corazón, se había hecho realidad. ¡Dios lo besó devuelta!

—Dr. Fuchsia Pickett

Conferenciante internacional, maestra y la autora de *Revelación divina* y *Para esta hora*.

Sam Hinn comprende que adorar a Dios es la cosa más importante que hacemos. La adoración no es sólo la puerta de entrada sino la casa entera.

—Ted Haggard

Pastor presidente de la iglesia New Life en Colorado, EE.UU.

Estamos viviendo tiempos en donde se ha pronosticado la presencia de la gloria de Dios en demasiadas reuniones y conferencias, cuando en realidad no ha estado allí para nada. El triste resultado es que se nos ha dejado un sabor a sacarina en la boca. Bostezamos cuando se pronuncian grandes cantidades de promesas, nos acobardamos cuando escuchamos como Dios actuó en un momento dado, porque todavía tenemos el sabor a sacarina de la última vez que Dios "estuvo de visita". Sin embargo, hay un lugar resplandeciente en el horizonte. En este libro, *Besar el rostro de Dios*, Sam Hinn ha capturado la esencia del antes, durante y después de la gloria de Dios. La lectura de este libro traerá de nuevo la esperanza de una verdadera visitación y lo que debemos hacer para prepararnos.

—John Paul Jackson

Fundador y presidente del ministerio Streams Ministries International

Besar el rostro de Dios

Sam Hinn

CASA
CREACIÓN

Besar el rostro de Dios por Sam Hinn
Publicado por Casa Creación
Una división de Strang Communications Company
600 Rinehart Road
Lake Mary, Florida 32746
www.casacreacion.com

No se autoriza la reproducción de este libro ni
de partes del mismo en forma alguna, ni tampoco
que sea archivado en un sistema o transmitido de
manera alguna ni por ningún medio—electrónico,
mecánico, fotocopia, grabación u otro—sin permiso
previo escrito de la casa editora, con excepción de
lo provisto por las leyes de derechos de autor de
los Estados Unidos de Norteamérica.

A menos que se indique lo contrario,
todos los textos bíblicos han sido tomados
de la Versión Reina-Valera de 1960. Usada con permiso
de las Sociedades Bíblicas Unidas. Todos los derechos
reservados.

Copyright © 2002 por Sam Hinn
Todos los derechos reservados

ISBN: 0-88419-910-X

Traducido por Andrés Carrodeguas

Portada diseñada por Karen Gonsalves

02 03 04 05 06 — 8 7 6 5 4 3 2 1

Con todo amor a la memoria de Constandi
Hinn, el hombre al que tuve la honra de
llamar padre.
1924—1982

Dedicatoria

Dedico con todo afecto este libro a dos mujeres maravillosas cuyo amor y oraciones me han alentado y han
ayudado a moldear mi vida de tal forma que bese el
rostro de Dios. Mi madre, Clemance, más conocida por
nosotros como "Yama", cuyo amor y entrega al Señor y a
sus hijos han sido un faro de luz para todos nosotros. Su
amor por Jesús no sólo me ha inspirado a besar el rostro
de Dios, sino también a besar con el amor de Él el rostro
de mis hijos. Observando su amor por Jesús he aprendido
a enamorarme de Él.

A mi hermosa esposa Erika, mi vida y mi gozo. Eres y
siempre serás el mayor regalo que Dios me ha hecho en
mi vida. No sólo eres mi amor, sino también mi mejor
amiga. Gracias por todo cuanto haces por nuestros hijos y
por mí. Eres mi todo.

A Jesucristo, mi maravilloso Salvador. Todo siempre
tendrá que ver contigo. Mi vida, mi adoración y mi
familia siempre existirán gracias a ti, Jesús. Te amo.

Reconocimientos

A mis hijos Samia, Costi, Michael y Christa: ustedes son los que me dan ánimo. Vivo para ser el mejor padre y amigo que puedan tener. Estoy en deuda eterna con ustedes por ayudar a darle forma a mi vida. Gracias por amarme y enseñarme a ser un buen padre y amigo. Los amo más que a ninguna otra cosa en el mundo entero.

Un amigo muy estimado me dijo en una ocasión: "En esta vida nunca sobran los amigos". A lo largo de los años, Dios ha bendecido mi vida con muchos amigos maravillosos cuya vida ha tocado profundamente la mía. Me sería fácil escribir otro libro que sólo hablara de ellos.

A mis cinco hermanos, Benny, William, Chris, Henry y Mike, y a mis dos hermanas, Rose y Mary, gracias por lo que han inspirado en mi vida acerca de la familia.

A Larry Keefauver, a quien quiero como un hermano: Larry, las palabras nunca podrán expresar mi amor y mi gratitud por la bendición que eres en mi vida. Gracias por toda tu ayuda y tu aliento con este libro. Hermano, tu vida y tu ministerio han sido una epístola viva.

A Dennis Davis. Dios me ha dado en ti un amigo muy especial. Dennis, has impactado profundamente mi vida. Tus oportunas palabras del Señor y tus mensajes han dejado una huella en mi vida. Gracias, Dennis.

Al pastor Sherwood Wilson, Terry Mahan, Mark Chironna, Robert Stearns y Danilo Montero—gracias por mostrarme lo que significa en realidad un pacto de amistad.

A John y Edee Tamsett. Ante Jesús les digo que sólo el cielo revelará la forma en que han influido sobre mi vida.

No hay palabras que puedan expresar mi profundo amor por la forma en que han tocado mi vida y bendecido a mi familia. Gracias por mostrarme que Jesús me ama. Erika y yo los amamos mucho; gracias por las tres cosas: amor, oración y comunión.

Al grupo de ancianos mejor y más loco de todos, que han hecho tan divertidos estos últimos siete años de servicio a Jesús. Gracias, Don Newman, Mark Meyers, James Ting, Jeff Welker, Chuck Blystone, Simon Tavanyar, Tom Gill y Ron Holmes. Es un honor servir al Señor con ustedes.

Al personal de Gathering Place, sus líderes y miembros. Gracias por ser unas ovejas a las que es tan maravilloso pastorear. Gracias por amarme, orar por mí y apoyarme. Los últimos siete años han sido los mejores de mi vida en el ministerio, gracias a ustedes. Esto se lo he dicho antes: el Señor me ha dado la mejor iglesia del planeta. Ahora quiero que el mundo sepa que pastoreo a las mejores ovejas del mundo. Es un gran honor ministrarles la Palabra de Dios a ustedes cada semana, y que me llamen su pastor y amigo.

A Danilo Montero por las increíbles palabras que escribió para el prólogo. A Jack Hayford, Ted Haggard, Fuchsia Pickett, John Paul Jackson y Mark Chironna; gracias por expresar su apoyo en este mensaje y alentar a otros a besar el rostro de Dios.

A los numerosos amigos y pastores cuyo nombre no he mencionado, pero que también han tocado mi vida y me han concedido la honra de ministrar desde sus púlpitos. Gracias por permitirle a Dios que los use para ayudar a moldear mi vida y mi ministerio. Quisiera tener espacio para mencionar el nombre de cada uno de ustedes, pero ya saben a quiénes me refiero. Gracias por tocar mi vida. Este libro se debe a ustedes. Oro para que lo mejor para ustedes se halle aún en el futuro. Gracias por servir a Jesús.

A Stephen y Joy Strang. Es una honra trabajar con una editorial tan maravillosa. Steve y Joy, gracias por los años que han estado dándome aliento y dirección y, sobre todo, han trabajado pacientemente conmigo. Gracias, Casa Creación; es un placer trabajar ustedes.

Índice

Prólogo

por Danilo Montero

"Mas Dios muestra su amor para con nosotros en que
siendo aun pecadores, Cristo murió por nosotros"

—ROMANOS 5:8

Hay un detonante espiritual para despertar la adoración
genuina y es el descubrir el amor apasionado de Dios por
nosotros. Ninguno de nosotros podría siquiera pensar en
acercarse a Dios, si Él no hubiese tomado la iniciativa de buscarnos
para dejarnos verle de cerca.

Fue una zarza ardiendo extrañamente lo que atrajo el corazón
de Moisés para encontrar la voz de Dios por primera vez. Los
muchos milagros abrieron su hambre por Dios y finalmente lo
encontramos pidiendo desesperadamente: "Te ruego que me
muestres tu gloria", (Éxodo 33:18). Cuando descubres que alguien
tan sublime y perfecto te está buscando y te ama, tu corazón se va a
encontrar atraído inevitablemente a adorarle. ¡Bendita seducción
divina!

La mujer samaritana buscaba en el pozo algo que no sabía
explicar hasta que se encontró con Jesús. Aquel diálogo se convirtió en una batalla espiritual. Los engaños de su corazón
religioso fueron muros que quiso poner delante del brillo inconte-
nible de la gloria de Jesús. Y por más que quiso esconderse, cada
palabra que habló el Maestro la llevó a derribarlos uno por uno
hasta que estuvo lista para enfrentar la verdad: "Sí, soy una peca-

dora, pero quiero saber dónde está el Cristo" (paráfrasis). "Yo soy, el que habla contigo" (Juan 4:26), se acabó la búsqueda y comenzó la vida.

Dios es quien nos busca, invita y luego abre la puerta y nos llama a alcanzar nuestro destino: Conocerle y adorarle. "Y esta es la vida eterna: que te conozcan a ti, el único Dios verdadero, y a Jesucristo, a quien has enviado", (Juan 17:3).

Jesús se aparece como un caminante incógnito al lado de los desanimados discípulos que van de regreso a Emaús. A su maestro lo creen muerto y su fe esperan enterrar cuando lleguen a casa. Pero las palabras del incógnito fueron vida y agua espiritual. La pasión espiritual se despertó de nuevo y no hubo manera de dejarle ir: "Quédate con nosotros, porque se hace tarde…" (Lucas 24:29). Jesús accede y se sienta a partir el pan con ellos. ¡Es entonces que descubrieron a Jesús sentado en su casa!

Él no sólo nos busca en el camino de nuestra desilusión, sino que nos provoca a la sed espiritual y luego se nos revela en la mesa de nuestro corazón. Es entonces que aprendemos a adorar al huésped inesperado de nuestra alma, es entonces que aprendemos a tener más sed que nunca, sed de Él, sed de amarle y sed de darle a conocer. Esa es la clase de intimidad que Él tanto anhela tener con nosotros y es de la cual habla el pastor Sam Hinn.

Al leer el libro *Besar el rostro de Dios* fui nuevamente retado a conocer a Dios a través de Sam. Las verdades que comparte son en esencia principios de vida que apelan al corazón, la fe sincera, y la pasión por Dios. Sam tiene una pasión que marca su vida y la de aquellos que tenemos la bendición de ternerle como amigo y pastor: Conocer íntima y profundamente a Dios. Desde que le conocí hace unos años he sido tremendamente retado a vivir apasionadamente mi fe a través de su ejemplo y sus palabras. Sam tiene la habilidad de ser un entrenador espiritual que te reta y te afirma para creer que lo mejor de Dios está por delante y que puedes alcanzarlo. Me siento enormemente privilegiado de ser parte del "equipo" local que Sam entrena en las cosas de Dios en la iglesia *The Gathering Place* en Sanford, Florida.

Lo que más me inspiró al leer este libro fue que sé que la persona que lo escribió vive esas verdades. Pocas personas tienen la capacidad de ejercer el liderazgo con la transparencia y honestidad que caracterizan a Sam. A él no le intimida dejar ver sus luchas y esfuerzos en su caminar con Dios. Creo que en el fondo el Padre sabe que esas cosas nos ayudan a todos los demás a entender "nuestro" caminar personal con Él.

Déjate retar por las verdades que van a revelar la religiosidad que nos hace tanto daño a todos. Permite que la pasión te encienda el corazón de nuevo. Escucha el llamado que te llevará de regreso al monte de Dios. Abraza los principios que serán como lazos de amor que te traerán cerca, más cerca del rostro de Dios para que puedas besarlo otra vez.

—Danilo Montero
Septiembre de 2002

Capítulo 1

El corazón anhelante

"**É**stos son días de anhelo. Voy a llevarte a anhelarme", dice el Señor. "Me convertiré en tu vida en un don que lo sobrepasará todo. Te llevaré a la vida superabundante de mi Espíritu. Son días de anhelo; o anhelo por mí, o anhelo por cosas que no tienen que ver conmigo. Yo te anhelo a ti. ¿Me anhelas tú a mí como yo te anhelo a ti?", dice el Señor. "Son días de anhelo. Estoy levantando un pueblo anhelante en estos días. Un pueblo que no servirá para la vida común y corriente; un pueblo anhelante. Estoy buscando un pueblo anhelante." (Recibí estas palabras del Señor mientras ministraba en Costa Rica el 5 de julio del año 2000).

Días de un hambre sin precedentes

Recuerdo aquella noche como si fuera ayer. Había estado despierto toda la noche orando y pidiéndole a Dios que me diera un corazón que lo anhelara a Él de la forma en que Él quería que yo lo anhelara. A eso de las cuatro de la madrugada, comencé a estudiar la Palabra, buscando citas bíblicas que me hablaran para confirmar las palabras que había recibido del Señor.

¡Qué momentos tan maravillosos pasé con el Señor aquella noche! Antes de darme cuenta, era hora de irme para ministrar en la sesión de la mañana con mi amigo Danilo Montero. Aquella mañana tuve el privilegio de ministrarles a unas cuatrocientas personas, entre líderes de adoración, músicos y cantores. La presencia de Dios nos llenó. Todos aquellos maravillosos líderes de adoración inundaron el altar con lágrimas en una santa desesperación por la presencia de Dios. De la misma forma que Dios los llenó *a ellos* con el anhelo por su presencia, le pido que este libro lo ayude y anime *a usted* en su anhelo por conocerle.

Dios quiere agitar los corazones de los suyos en estos días como nunca antes.

Dios quiere agitar los corazones de los suyos en estos días como nunca antes. Creo de todo corazón que las palabras que recibí aquel día de julio en Costa Rica se van a convertir en realidad en los corazones de muchos dentro del pueblo de Dios que tienen un hambre desesperada por recibir más de Dios. Estamos viviendo en unos tiempos en los que muchos no pueden explicar lo que están sintiendo o captando en su espíritu, sino que se limitan a clamar" "¡Señor, tiene que haber más!"

Realmente, estamos en tiempos de un hambre sin precedentes. En estos últimos años, mientras viajaba y ministraba, he visto el anhelo en los rostros del pueblo de Dios. Estoy escuchando en la adoración unos sonidos que nunca antes había escuchado. Oigo el sonido de los inspiradores cantos que se entonan, pero oigo más que la música; oigo el sonido del anhelo. Los predicadores están enseñando acerca de esta hambre; los líderes están tratando de explicarla. Pero para mí, no hay mensaje alguno que la pueda explicar o satisfacer de verdad. Es un anhelo que sólo Dios puede satisfacer. Al pensara en el hambre que he presenciado —y experimentar ese anhelo en lo más profundo de mi propio ser—, recuerdo las palabras de Jesús:

> Bienaventurados los que tienen hambre y sed de justicia, porque ellos serán saciados.
>
> — MATEO 5:6

Anhelar como anhela Dios

Mi corazón se estremece tanto, porque estamos viviendo en unos tiempos en los que Dios está profundizando nuestro anhelo por Él, permitiendo que experimentemos el profundo anhelo que tiene Él mismo por una relación íntima con los suyos. A medida que comencemos a experimentar la intensidad del anhelo de Dios en nuestro interior, la Iglesia comenzará a tener un aspecto y un sonido distintos. Eso es lo que me ha sucedido a mí. Nunca he experimentado en mi vida y mi familia una desesperación santa por tener más de Dios, como la que estoy experimentando ahora.

Los últimos años han sido transformadores para mí. Hoy en día, el pueblo de Dios parece estar en una posición de inmenso anhelo por recibir más de la vida y presencia de Dios en su propia vida. Desde que escribí mi libro *Cambiados por Su presencia* hace algunos años, he experimentado un caminar increíble en esa presencia.[1]

Pienso que así como yo, usted tiene hoy más hambre de Dios que nunca antes. Recientemente, el grito de mi corazón ha sido: ¡Señor, tiene que haber más! Tiene que haber más de ti que lo que ya he experimentado, que lo que he visto en la Iglesia, que lo que he experimentado en el ministerio.

Ésta es mi oración en este instante:

> *Padre, tengo un hambre inmensa de ti. Aun ahora, mientras escribo este capítulo inicial, sé que tiene que haber más. Tiene que haber más de ti; tiene que haber más de ti. Te pido que toques mi vida mientras escribo. Señor, te ruego que toques la vida de todo el que lea este libro con la vida del Espíritu Santo y nos des un anhelo de ti mayor que cuanto hemos tenido o conocido.*

Mientras escribo, oro por usted. Oro profundamente para pedirle a Dios que le toque el corazón con su presencia viva y que, mientras usted lee, la profunda obra del Espíritu Santo haga más hondo aún el anhelo de su corazón por Él. Esto sé: Las cosas profundas de Dios llaman a las cosas profundas de nosotros. Permítale al Espíritu Santo que cree en usted este profundo anhelo de Dios de una forma mayor que cuanto haya experimentado jamás.

Permítale al Espíritu Santo que cree en usted este profundo anhelo de Dios de una forma mayor que cuanto haya experimentado jamás.

En los últimos seis años, al comenzar cada año le he pedido al Señor que me dé un texto de su Palabra que pueda ser mi anhelo de todo el año en la oración y el estudio. Al acercarse el final de 2001 y prepararnos para entrar en 2002, el Espíritu Santo me habló al corazón con las palabras del Salmo 27:4-8:

Una cosa he demandado a Jehová, ésta buscaré;
Que esté yo en la casa de Jehová todos los días de mi vida,
Para contemplar la hermosura de Jehová, y para inquirir en
    su templo.
Porque él me esconderá en su tabernáculo en el día del
    mal;
Me ocultará en lo reservado de su morada;
Sobre una roca me pondrá en alto.

Luego levantará mi cabeza sobre mis enemigos que me rodean,
Y yo sacrificaré en su tabernáculo sacrificios de júbilo;
Cantaré y entonaré alabanzas a Jehová.
Oye, oh Jehová, mi voz con que a ti clamo;
Ten misericordia de mí, y respóndeme.
Mi corazón ha dicho de ti: Buscad mi rostro.
Tu rostro buscaré, oh Jehová.

Desde que comenzó el año 2002, he estado orando y meditando en esas palabras. Dios derrama sobre mí continuamente vida y revelación cada vez que vuelvo a leer estos versículos. Me anima, indicándome que va a satisfacer este anhelo que hay en mí.

Una cosa he demandado

David dice: *"Una cosa* he demandado a Jehová, ésta buscaré" (Salmo 27:4, cursiva del autor). Tómese un momento para detenerse a reflexionar en esas palabras. Pregúntese:

- ¿Cuál es mi mayor deseo?
- ¿Cuál es el mayor anhelo de mi corazón en estos momentos?
- ¿Cuál es *la cosa* que me apasiona?

¿Lo está llevando su pasión a una relación más profunda con Dios, o lo está alejando de Él?

Hace poco, mientras ministraba en otra iglesia, la presencia de Dios se hizo muy real mientras estábamos adorando. Parecía como si cada vez fuera más pesada sobre mí. En aquellos momentos, el Señor me dijo unas palabras que tuvieron un efecto transformador: "Te voy a hacer ministro de Jesús", me susurró al espíritu. Mi corazón se sintió abrumado.

"Señor", le respondí, "qué honor me has hecho al llamarme para que sea ministro tuyo."

Entonces Él me dijo: "Sam, para los propósitos y por la causa de la eternidad, en todas tus relaciones tus propósitos se deben centrar en lo eterno; no sólo en el momento actual. Todo lo que hagas debe ser pensando en la eternidad".

En aquellos momentos, vi todo con una claridad diáfana. Ahora sabía cuáles son los propósitos de Dios para mi vida... para todas mis relaciones... para todos los lugares donde vaya... para todos los momentos en que ministre... para todas las personas con las que me encuentre. *Una cosa* debo saber. Que todo debe tener el propósito y causa de la eternidad.

Desde aquel día, esa *cosa* se ha convertido en la pasión que me guía. Ha eliminado distracciones y deseos, y me ha dado un solo enfoque para todo mi ser. Voy por el camino correcto. Con todos mis afectos voy buscando "el propósito y la causa de la eternidad". Si lo que estoy haciendo no es por la causa y el propósito de la eternidad, debo dejar de hacerlo. Si lo que estoy a punto de decir *no es* para la eternidad, no lo voy a decir. Todas mis acciones y palabras deben contar ahora para la causa y el propósito eternos de Dios.

El mayor anhelo de la vida

El mayor anhelo de la vida de David no se puede limitar a su reino, sus riquezas ni su categoría de rey. Ese anhelo sobrepasaba a todos los demás en su corazón. Era un anhelo triple que consumía su ser. Comprendía:

1. *El anhelo por la presencia de Dios.* "Una cosa he demandado a Jehová." No era un anhelo que pudieran satisfacer las oportunidades en el ministerio, la aceptación de una denominación, ni la afiliación con una iglesia. En toda la vida, no había nada que se pudiera comparar con el anhelo de David por la presencia de Dios; un anhelo que el propio Dios había hecho nacer en él.

2. *El anhelo de habitar en la casa de Dios.* David llegó a comprender que la presencia de Dios surgiría del hecho de habitar en la casa de Dios. Desde allí, contemplaría la hermosura del Señor.

3. *El anhelo de inquirir en su templo.* El hecho de habitar en la casa de Dios y anhelar su presencia se convertiría en la protección de Dios. "Porque él me esconderá en su tabernáculo en el día del mal; me ocultará en lo reservado de su morada; sobre una roca me pondrá en alto" (Salmo 27:5).

Por sobre todas las demás cosas de la vida, David había fijado el anhelo de su corazón en ésta. Conseguir poder, riquezas, posición o fama no podía satisfacer el anhelo de su corazón; la mayor necesidad de su vida. Sólo la presencia de Dios podría lograrlo. Me pregunto si con todo lo que obtenemos, estaremos obteniendo lo que realmente necesitamos.

David anhelaba y esperaba. Buscaba la presencia de Dios y oraba. Pasaba tiempo en la casa de Dios por motivos correctos. No estaba en la casa de Dios por ninguna otra razón, más que para llegar a una intimidad con Él.

¿Por qué vamos a la casa de Dios? ¿Por el predicador, o porque la música es mejor que en otros lugares? ¿Vamos a la casa de Dios para que nos vean, o porque hay un culto especial en el cual un ministro famoso va a ungir a la gente con aceite para que se sane, o va a profetizar sobre nosotros? ¿Estamos en la casa de Dios por los grandiosos programas que hay allí, las maravillosas tradiciones, los poderosos líderes o el eficaz ministerio con nuestros niños o adolescentes?

Ninguna de estas razones habría movido a David. Él habitaba en la casa de Dios para contemplar su hermosura; no para recibir la bendición de los hombres. Amaba a Dios, y sólo quería contemplar su hermosura e inquirir en su templo.

David habitaba en la casa de Dios para contemplar su hermosura; no para recibir la bendición de los hombres.

Un corazón para Dios

Si anhelamos realmente la intimidad y la comunión con Dios, pondremos nuestro corazón con toda diligencia en posición de buscarlo. Al estudiar las Escrituras vemos que el rey David no tuvo una experiencia ante una zarza ardiente, como Moisés. No vio al Señor alto y sublime, como Isaías. No tuvo una visión, como Juan en la isla de Patmos. No fue derribado de su cabalgadura, como Saulo de Tarso, por la enceguecedora gloria de Dios.

Al igual que David, muchos de nosotros tal vez nunca vamos o tengamos un encuentro ante la zarza ardiente, como Moisés. Tal vez nunca veamos la enceguecedora gloria de Dios en el rostro de Jesucristo, como Saulo. Pero aunque no hayamos tenido este tipo de manifestaciones en nuestra vida, sí podemos contemplar la hermosura del Señor a diario, a base de profundizar nuestra adoración y nuestro anhelo por Él.

Un corazón según Dios

¿Qué se requiere de aquéllos que anhelan a Dios? Él nos da un gran ejemplo en David, cuya vida estuvo llena de fallos y errores. En él había algo muy especial que conmovía el corazón de Dios. ¿Qué era? Que su corazón buscaba a Dios.

Cuando David escribió el Salmo 27, era un acaudalado rey. En aquellos tiempos, su reino y sus tierras eran prósperos. Sin embargo, en medio de todas sus responsabilidades como rey, el rico gobernante tenía un anhelo supremo: "Una cosa he demandado a Jehová, ésta buscaré; que esté yo en la casa de Jehová todos los días de mi vida, para contemplar la hermosura de Jehová, y para inquirir en su templo" (Salmo 27:4).

Me pregunto si en medio de toda su realeza, sus riquezas y posición, David reflexionó por un instante en aquellos años de juventud en los cuales el Señor llegaba a él como un sencillo niño pastor en medio del campo.

David era *un hombre conforme al corazón de Dios*. Samuel se lo dice así al endurecido y rebelde rey Saúl. "Mas ahora tu reino no será duradero. Jehová se ha buscado un varón conforme a su corazón, al cual Jehová ha designado para que sea príncipe sobre su pueblo, por cuanto tú no has guardado lo que Jehová te mandó" (1 Samuel 13:14). Un corazón realmente entregado a Dios, anhela su corazón. David tenía en el corazón un anhelo apasionado e insaciable por el corazón de Dios.

Un corazón realmente entregado a Dios, anhela Su corazón.

Dios le había dado su corazón a David, porque éste ya le había dado todo el suyo a Él. Anhelaba tanto el corazón de Dios, que estaba dispuesto a desechar el suyo propio. Por muy agitada que se hubiera vuelto su vida, o por muchas riquezas y posesiones materiales de este mundo que hubiera acumulado, su mayor anhelo era poseer el corazón de Dios. Estaba dispuesto a darlo todo para ganar a Dios. ¿Hasta qué punto está usted dispuesto a entregarle a Dios su corazón?

Hoy en día hay muchas personas tan tensas, que apenas viven para ganarse la vida. No se pueden levantar por encima de los problemas y las preocupaciones que los agobian. Como no pueden escapar a lo trivial, su vida se ha vuelto embotada y aburrida.

Se me quebranta el corazón ante gente así; gente que sólo quiere escapar de la trivialidad de su existencia, aunque sea por un instante. Amigo mío, si es ésa su situación, le ruego que me escuche. Dios quiere poner en usted un ardiente anhelo por Él. Está dispuesto a quitar del medio cuanto obstáculo se interponga en el camino de su corazón. Pero todo comienza al entregarle usted el corazón a Dios y recibir, en su lugar, el corazón del propio Dios. ¿Está dispuesto a entregarle el corazón? ¿Está dispuesto a rendir su corazón para recibir el de Él?

Sólo en Él podrá echar a un lado sus cargas, y su corazón podrá entrar en un descanso verdadero. ¿Por qué seguir luchando y viviendo en medio de esa agitación interior? Dele ahora mismo el corazón a Dios, y Él le dará a usted un nuevo; un corazón que sea de Él. No hay mejor momento que éste para entregarle su corazón a Él de una forma nueva y viva. Cuando usted le entregue el corazón, Él le dará a usted el suyo.

¿Qué veía Dios cuando contemplaba el corazón de David?

- David tenía un corazón sin divisiones; un corazón que buscaba a Dios (Salmo 86:11).
- David tenía un corazón contrito; un corazón quebrantado ante Dios (Salmo 51:17).
- David tenía un corazón limpio ante Dios (Salmo 51:9-10).

El corazón de David clamaba por Dios. Usted puede clamar por el Dios viviente con la misma intensidad y pasión de él. Usted también puede ser un hombre o una mujer conforme al corazón de Dios. Haga suyo el clamor de David:

¡Cuán amables son tus moradas, oh Jehová de los ejércitos!
Anhela mi alma y aun ardientemente desea los atrios de Jehová;
Mi corazón y mi carne cantan al Dios vivo.

— SALMO 84:1-2

¿Cuál es su anhelo?

Vivimos en un tiempo y lugar donde la gente tiene en el alma todo tipo de anhelos. No parece haber diferencia en esto entre los de la familia de la fe y los que no pertenecen a ella. La gente anhela todo tipo de cosas. Algunos anhelan estas cosas, sólo por escapar a las presiones de la vida. Otros sólo existen, sin llegar a gustar nunca de las verdaderas profundidades de la vida. Otros viven anhelando riquezas y fortuna, mientras que otros sólo anhelan ganarse la vida. Otros viven para subir las gradas del éxito, y no les importa cuánta gente pisoteen mientras tratan de alcanzar su meta.

En el cuerpo de Cristo hay muchos que viven por razones equivocadas. Hoy en día hay muchos en la Iglesia que anhelan más el ministerio, que una relación íntima con Dios. Hay quienes anhelan los dones del Espíritu Santo, pero no lo conocen a Él como persona. Quieren sus dones, su poder y sus milagros, pero están ciegos a su persona. Hay quienes corren y persiguen los dones de ministerio en el cuerpo de Cristo, y viajan centenares de kilómetros para recibir una palabra o una oración de parte de un ministro invitado. Sin embargo, esas mismas personas no son capaces de moverse medio metro para arrodillarse a orar, a fin de conocer al Espíritu Santo como persona.

Dios está buscando una Iglesia que lo busque y anhele a Él.

Dios está buscando una Iglesia que lo busque y anhele a Él. Muchos asisten a la iglesia en busca de la unción y los dones, o de mensajes que los motiven y muevan, sólo para marcharse tal como vinieron, porque no llegaron en busca de Aquél que los busca a ellos. Es bueno que busquemos el avivamiento y el derramamiento del Espíritu Santo, pero no podemos olvidar que Dios está buscando hombres y mujeres conforme a su corazón.

El corazón que Dios busca

Del corazón de David —*un corazón conforme a Dios*— salió este clamor: "Como el ciervo brama por las corrientes de las aguas, así clama por ti, oh Dios, el alma mía. Mi alma tiene sed de Dios, del Dios vivo; ¿cuándo vendré, y me presentaré delante de Dios?" (Salmo 42:1-2).

El ciervo se alimenta con frecuencia cerca del arroyo, donde la vegetación es abundante y tiene agua para satisfacer su sed. Pero cuando lo están cazando, con el depredador en plena persecución, se siente desfallecer de sed y, casi agotado, se lanza al arroyo como último refugio. Comprendamos esta lección que nos da la vida. Cuando el ciervo está agotado porque le están dando caza, su último refugio consiste en sumergirse en el agua. Lo mismo nos sucede a nosotros cuando estamos exhaustos por la forma en que este mundo nos trata. Hallamos en Dios nuestro escondite; nuestro lugar de descanso.

En este Salmo observamos que David está desconsolado. Su necesidad más urgente es tener comunión con Dios. ¿Y usted? ¿Está desconsolado y necesita con urgencia la comunión con Dios?

¿Qué había en el corazón de David que llamó la atención de Dios? Cuando estaba en el desierto de Judea, David oraba: "Dios, Dios mío eres tú; de madrugada te buscaré; mi alma tiene sed de ti, mi carne te anhela, en tierra seca y árida donde no hay aguas, para ver tu poder y tu gloria, así como te he mirado en el santuario" (Salmo 63:1-2).

Cuando David escribió este Salmo, se hallaba en un desierto árido y estéril, lejos del santuario, de su familia y de sus amigos. Sin embargo, hasta en el desierto anhelaba a Dios. Su anhelo más profundo era la comunión con su Dios. Todo su ser anhelaba la comunión con Dios. Su vida era tan seca como la tierra árida desprovista de agua.

Así como el ciervo que buscaba el refugio del arroyo en el Salmo 42, David estaba buscando refugio en la comunión con Dios. Nosotros debemos hacer lo mismo. Tanto si nos persigue el enemigo, como si las circunstancias externas amenazan nuestra vida, o estamos secos y sedientos por dentro a causa de una experiencia de desierto, nuestro anhelo de refugio debe centrarse en la comunión de Dios.

Nunca maldiga su desierto

Todo gran siervo de Dios, incluso Jesús, ha pasado por el desierto. Experimente ese desierto como regalo de Dios. En él aprenderá a sentir hambre y sed de Él. La lección del desierto nos enseña lo mucho que lo necesitamos.

Hace algunos años, mi esposa y yo íbamos por carretera desde Orlando, en la Florida, hasta Cleveland, en Tennessee, para estar con unos buenos amigos nuestros. Acabábamos de pasar de la Florida a Georgia, una hermosa carretera con escenas muy agradables junto al camino. De repente, llegamos a un largo tramo de carretera totalmente desierto. Me sentía como si estuviéramos jugando algo que solían jugar mis hijos, llamado "¿En qué lugar del mundo está Carmen Sandiego?" Nuestro juego se llamaba "¿En qué lugar del mundo están Sam y Erika?"

Me preguntaba dónde se habrían ido los árboles, los bellos panoramas y los edificios. Era como si hubiéramos cruzado la frontera de la tierra del vacío. Todo lo que podía pensar mientras recorríamos aquel largo tramo de carretera desierta, era lo agradecido que estaba de que Erika y yo tuviéramos tanto en común como tema de conversación, de manera que no fuera un largo y solitario recorrido.

Aquel tramo de carretera me recordó las numerosas veces que en mi vida parece que todo va bien. Da la impresión de que todo está bien dispuesto, y las cosas parecen ir estupendamente. Pero de repente, cambia el escenario. En esos momentos me siento con ganas de preguntar: "¿Dónde se habrán ido los árboles y los bellos panoramas?" En mi corazón, sé que acabo de salir de los verdes prados de mi caminar con Dios para entrar en la seca esterilidad del desierto.

Cuando las cosas van bien, es fácil pensar que en realidad, no necesitamos a Dios. Pero Él tiene formas creativas de recordarnos lo mucho que lo necesitamos. Una de ellas es que entremos en el desierto. Me asombra ver lo mucho que clamamos por Dios y lo necesitamos en ese desierto.

A veces hace falta un desierto para llevarnos a un sentimiento de desesperación total por tener a Dios.

A veces hace falta un desierto para llevarnos a un sentimiento de desesperación total por tener a Dios. Todos los grandes líderes de Dios han descubierto esta verdad: Hallarnos distanciado de los consuelos de la vida significa estar en un lugar donde sólo Dios nos puede ayudar.

El único clamor que consuela en el desierto es éste: "Dios, Dios mío eres tú". David se movió para aferrarse a Dios en su desierto. Tenemos que reconocerlo en todas las circunstancias con las que nos enfrentemos. Él debe ser el Dios de todos los momentos de nuestra vida. Aun en medio de su desierto, Él es *Emanuel*, "Dios con nosotros". Él será su consuelo, y lo irá guiando a lo largo de su experiencia en el desierto.

En el Salmo 63, David revela una gran lección de la vida. En medio de una tierra desértica y seca, tiene sed de algo que no es agua. Clama: "Mi alma tiene sed de ti, mi carne te anhela, en tierra seca y árida donde no hay aguas" (Salmo 63:1). Cuando casi todos los demás estarían anhelando el agua que los sostendría, o tal vez buscando fuerzas para salir de su situación, David anhela a Dios.

¿Recuerda algún momento en el que su anhelo de Dios haya hecho que sintiera sed de Él con todo su ser? Sólo me puedo imaginar el intenso dolor que sentía David cuando clamaba: "Anhela mi alma y aun ardientemente desea los atrios de Jehová; mi corazón y mi carne cantan al Dios vivo" (Salmo 84:2). Lamentablemente, no puedo recordar muchos momentos de mi propia vida en que esto fuera cierto. ¿Y usted? ¿Recuerda algún momento en el cual su anhelo por Dios se volviera tan intenso, que sintiera dolor físico?

Hoy en día muchos vienen a nuestras iglesias con el anhelo de encontrarse con el Dios viviente. En lugar de esto, los presentan al pastor, o les hablan de todos los programas que tienen a su disposición. No sé usted, pero yo quiero ver que en la Iglesia se busca mucho más a Dios. No hay programa, sermón ni música que pueda sustituir a la presencia de Dios en nuestra experiencia de adoración.

Para ver tu poder y tu gloria,

Así como te he mirado en el santuario.

— SALMO 63:2

La gente de hoy tiene hambre de conocer a Dios. Anhela ver su poder y su gloria. La gloria de Dios es el resultado de la manifestación de su presencia. El poder y la gloria deben ir juntos. Dios quiere manifestarlos en su vida, más de lo que usted anhela que los manifieste.

Quiero que sepa lo mucho que lo ama Dios. Cuando esté pasando por los momentos más dolorosos de su vida, y no tenga fuerza para orar como sabe que podría, Dios le promete que les va a prestar atención hasta a sus suspiros. Cuando todo lo que usted pueda hacer en su oración sea suspirar diciendo: "Señor", Él escucha su clamor. "Señor, delante de ti están todos mis deseos, y mi suspiro no te es oculto" (Salmo 38:9).

¿Hay vida en tu santuario?

¿Qué piensa usted sobre la casa de Dios? ¿Hay vida en el santuario? Tanto si las experiencias que hemos tenido en la iglesia son buenas, como si son malas, Dios ama su casa. David reconocía algo a lo que tenemos que asirnos en nuestro corazón. Reconocía que la adoración no consiste simplemente en ir a la iglesia y sentarse a escuchar un hermoso culto con cánticos. La adoración no es sólo música, ni tampoco la Palabra predicada, aunque la Palabra de Dios sea tan importante.

¿Cuál era el anhelo de David? ¿De qué tenía sed?

Como el ciervo brama por las corrientes de las aguas,
Así clama por ti, oh Dios, el alma mía.
Mi alma tiene sed de Dios, del Dios vivo;
¿Cuándo vendré, y me presentaré delante de Dios?

— SALMO 42:1-2

David no clamaba pidiendo agua o sombra. Bramaba por Dios; tenía sed de Dios; no de *las cosas de Dios*, sino *sólo de Él*.

David tenía sed de Dios; no de *las cosas de Dios*, sino *sólo de Él.*

El anhelo que David decía tener por Dios era mucho más que una simple expresión; buscaba a Dios con todas sus fuerzas. Hoy en día, es posible que nuestro clamor fuera algo parecido a esto: "Dios mío, ¿cuándo me puedo encontrar contigo? Señor, necesito hacer una cita contigo".

¿Cómo sería la adoración en la casa de Dios, si la viéramos como nuestra cita con Él? Hay quienes nunca se pierden una cita con su médico; sin embargo, no sienten remordimiento alguno cuando no van a la casa de Dios. ¿Cómo sería nuestra vida; qué aspecto tendría la Iglesia, si viéramos la adoración como una audiencia con el Dios viviente? Si tratáramos la adoración como una comparecencia ante Dios mismo, nuestra adoración tendría un aspecto y un sonido diferentes. La adoración conforme al corazón de Dios se deleita en Él.

Mientras escribía este capítulo, se ha producido algo extraño. He llorado por usted. Creo que el Espíritu Santo quiere que ore por usted. Al terminarlo con una oración, convierta el siguiente texto bíblico en el clamor de su propio corazón:

¿A quién tengo yo en los cielos sino a ti?
Y fuera de ti nada deseo en la tierra.
Mi carne y mi corazón desfallecen;
Mas la roca de mi corazón y mi porción es Dios para
    siempre.

— SALMO 73:25-26

No espere un minuto más. Póngase de acuerdo conmigo mientras oro por usted.

Padre, en el nombre de Jesús, levanto ante ti a mis hermanos y hermanas que lean este libro. Tócalos con el Espíritu Santo. Señor Jesús, llévalos más profundamente hacia ti. Quita todos los obstáculos que haya en su camino. Por el poder de tu Espíritu Santo, te pido que los sanes y hagas que sientan hambre de ti, Señor.

Espíritu Santo, anhelamos conocer a Dios. Nuestro corazón clama: "Oh, si lo conociéramos". Levanto nuestras manos hacia ti hoy. Nuestro corazón te anhela como anhela el agua la tierra seca. Señor Jesús, toma nuestro anhelo de Dios y pon tus propios anhelos en lo más profundo de nuestro ser. En el nombre de Jesús he orado. Amén.

Capítulo 2

¿*Qué* impide *una* adoración verdadera?

¿**P**uede recordar algún momento o lugar en su vida que represente una decisión importante, un momento de definición con Dios? La mayoría de nosotros recordamos lo que el Señor ha hecho en nosotros y por medio de nosotros con una inmensa gratitud. En mi propia vida, Dios ha bendecido muchos de mis años con unas experiencias inefables, sueños y palabras del cielo.

Al recordar estas experiencias mías, me viene a la mente un año que fue muy importante. Durante ese año de 1986, Dios hizo una obra muy profunda en mi corazón y mi vida. Todos los mensajes, las enseñanzas y las experiencias de adoración estaban grandemente ungidos por Dios. Creo que incluso este libro tuvo su nacimiento en 1986.

A principios de diciembre de ese año, un lunes temprano en la mañana, mientras me preparaba para dirigir nuestra reunión de oración matutina, el Señor me dijo: "Quiero que me adores esta mañana".

Nunca me habría podido imaginar de qué manera esas palabras del Señor cambiarían mi vida para siempre. Mi vida cambió gracias a un encuentro que tuve con Jesús. De hecho, fue más que un encuentro; fue una visión del Señor. Esa visión ha cambiado para siempre mi corazón, mi vida y mi ministerio. Aquel momento y aquella visión fueron definidores hasta el punto de hacer nacer mi razón de ser en la vida.

En enero de 1987, asistí con mi hermano Willie y un amigo a una Conferencia bíblica de James Robison en Dallas. Tenía tanta hambre de Dios después de haber tenido la visión del Señor en diciembre de 1986, que estaba dispuesto a ir donde fuera para aprender más acerca de Él. Nunca antes había sentido un hambre así, y aproveché con gozo la oportunidad de asistir a esta conferencia con Willie. Asistí a cuanta reunión pude. Nunca me saciaba con la adoración ni con la Palabra, procedente de oradores como Rick Godwin, Oral Roberts, Jack Hayford, James Robison y otros. Recuerdo la forma en que asimilaba todos los mensajes que predicaban estos maravillosos siervos de Dios.

El jueves por la noche, la presencia de Dios fue como nada de cuanto yo hubiera experimentado jamás. Me encontré especialmente consciente de Él. La adoración fue increíble, y el ministerio grandioso. Pero esperaba con ansias el momento en el altar. Había decidido que, cualquiera que fuera el llamado que hicieran al altar, yo iría al frente.

Al final del culto, James Robison invitó a los ministros, líderes y público en general a ir para enderezar la relación de su corazón con Dios. Había llegado mi momento. Ni siquiera pude esperar a que él terminara de hacer la invitación. Corrí hacia el altar, y fui la tercera persona en llegar. Tenía tanta hambre de Dios, que habría querido ser la primera. Me arrodillé mientras James seguía exhortando a la gente para que fuera al frente y permitiera que el Señor le ministrara.

Cuando me arrodillé, la presencia de Dios se intensificó y se hizo muy real y palpable. Comencé a llorar (lo cual de todas formas no me es difícil) mientras sentía que la presencia de Dios se iba haciendo cada vez más fuerte. Dentro de mí estaba sucediendo algo diferente a lo que había sucedido un mes antes. El tiempo pareció detenerse. La eternidad saturaba tanto la atmósfera que me rodeaba, como lo más profundo de mi ser. Sentía que la adoración que había en aquel auditorio era electrizante. La presencia de Dios en aquel ambiente corporativo era como nada que yo había encontrado jamás.[1]

Tres preguntas urgentes

Sabía que la presencia de Jesús estaba en aquella reunión. Mientras estaba allí arrodillado ante el Señor, surgieron en mi espíritu tres preguntas para las cuales necesitaba respuesta con toda urgencia. Se las hice al Señor, y las respuestas que Él me dio definieron con mayor claridad el transformador impacto de la visión que me había dado un mes antes.

Primera pregunta — "Señor Jesús, ¿por qué es tan pura la adoración en este lugar?"

A mi primera pregunta, el Señor respondió: "Sam, voy a responder a tu primera pregunta. Quiero que mires alrededor de ti; mira alrededor de todo este anfiteatro". Recuerdo las palabras que me dijo como si las hubiera oído ayer por vez primera. Levanté la cabeza y recorrí con la vista todo aquel lugar. Algunas personas estaban de pie, mientras otras seguían sentadas, pero todas estaban adorando a Jesús.

Dios me dijo: "¿Quieres saber por qué es tan pura la adoración aquí? En este lugar hay siete mil personas procedentes de cuarenta y ocho estados diferentes. La razón por la que es tan pura la adoración es porque no se conocen. No han tenido tiempo de enojarse o amargarse unas con otras. Por eso es tan pura la adoración".

Estas palabras me atravesaron el corazón, y supe de inmediato lo que el Señor me estaba diciendo. He estado en muchas iglesias donde parece haber gran resistencia en la adoración mientras el pueblo está adorando a Dios. La gente canta, pero la adoración no llega a ninguna parte. Sólo se convierte en una actividad para ocupar el tiempo en lugar de otra cosa. Durante la adoración hay gente mirando a su alrededor, viendo quién está sentado en la primera banca, o decidiendo si es hora de ir al baño.

A lo largo de los años, a medida que he aprendido algo más

acerca de la adoración, la presencia de Dios y el Espíritu Santo, he aprendido que en todos los cultos el Espíritu Santo fija un nivel para que lleguemos a él en la adoración. Una vez que hemos llegado a ese nivel de adoración pura nacida en el corazón, el Espíritu Santo comienza a cambiar y transformar los corazones de las personas.

Cuando llegamos a adorar a Dios con el corazón lleno de amargura, ira o resentimiento, no sólo se afecta nuestra adoración, sino que también con frecuencia nos vamos tal como vinimos; incapaces de recibir nada de Dios a causa del estado de nuestro corazón.

Segunda pregunta — "¿Qué viene después de la adoración?"

Entonces, Dios me respondió mi segunda pregunta. "La respuesta a tu segunda pregunta es *la danza*. Eso es lo que viene después de la adoración." En aquel instante miré a la plataforma, y la dama que dirigía la adoración comenzó a danzar. Después se le unió Betty Robison, y ambas parecían dos niñas pequeñas danzando y girando. No sentían preocupación alguna en este mundo. Me quedé allí, observando aquella escena tan increíble, consciente de que el Señor acababa de describir lo que yo estaba presenciando.

Más increíble aún fue el hecho de que la presencia del Señor que había sentido durante la primera parte del culto se iba haciendo cada vez más densa. Mientras las damas danzaban y giraban en círculos ante el Señor, una oleada de la presencia de Dios sacudía a todos los asistentes cada vez que Betty Robison agitaba la mano al danzar.

La presencia de Dios fluía desde la plataforma como una ola que inundaba todo el auditorio. Y con cada oleada, su presencia se hacía más densa.

La atmósfera de todo el auditorio estaba llena de gozo. Aquella danza no era movida por la sugestión; no era una danza en la carne con su centro en la música. Era una danza en la cual el corazón danzaba mientras entrábamos en una adoración más profunda. Era como si se hubiera desbordado un pozo de regocijo en el corazón del pueblo de Dios. No hay otra forma de describirlo. Era mejor que todas las fiestas a las que había asistido. Un gozo puro me inundó el corazón aquella noche.

Tercera pregunta — "¿Qué vas a hacer con mi vida?"

La respuesta a la tercera pregunta fue muy personal. Aún no estoy listo para comunicarla, porque sigo esperando a que Dios haga ciertas cosas en mi vida. (Le agradezco su comprensión).

Recuerde que no sólo fue *llamado* al ministerio; también fue *creado* para la adoración.

Dios había reconocido bondadosamente la urgencia que sentía mi espíritu por experimentarlo a Él de una forma mayor que nunca antes. Había respondido a la necesidad concreta que tenía de recibir de Él aquellas respuestas. Lo mismo va a hacer por usted. Va a impactar su vida con una visión suya que resultará transformadora. Y va a hacer mayor su comprensión sobre Él de formas muy personales.

El nuevo ámbito de la gloria de Dios

Creo que estamos entrando en un ámbito de la presencia y la gloria de Dios que no se parece a nada de lo que hayamos visto jamás. El ámbito de la gloria de Dios que viene sobre nosotros llenará la Iglesia, y la vida del pueblo será sacudida por el poder de Dios. Las oleadas de su gloria nos inundarán, y nunca volveremos a ser como antes.

La llegada de la gloria de Dios a nuestro medio siempre exige cambio. Cuando su gloria inunda a su pueblo, no podemos estar cargados de pecado, ira o amargura. Todas estas cargas se convertirán en una especie de gravedad espiritual que impedirá que ascendamos a la gloria de Dios. Su gloria va a poner al descubierto aquellos aspectos de nuestra vida que han estado impidiendo que lo adoremos.

La guerra sobre la adoración

Mientras usted adora a Dios, ruge la guerra a su alrededor. El enemigo detesta que usted adore. Quiere impedir que alabe y adore a Dios. La batalla no es sólo personal, sino también corporativa. Toda la Iglesia está en guerra.

¿Por qué se levanta esta guerra contra usted y contra el cuerpo de Cristo? En la batalla, el enemigo trata de desviar su atención del llamado de Dios y de su visión para usted. No aparte los ojos de Jesús. Él lo va a liberar. La sencilla táctica de Satanás consiste en atacarlo continuación anta intensidad, que usted aparte los ojos de Jesús, aunque sea por un instante.

Recuerde que no sólo fue *llamado* al ministerio; también fue *creado* para adorar a Dios. Es posible que haya estado luchando en esta guerra, sin saber realmente el porqué. Tal vez se sienta como si lo estuvieran distrayendo continuamente para que no adorara a Dios como usted quisiera adorarlo. Quizá hasta se le haga difícil concentrarse en la adoración cuando llega ante el Señor, ya sea de forma corporativa con el cuerpo de Cristo, o en sus momentos de adoración personal en su casa. Si usted está librando esta batalla en estos momentos, quiero que sepa que Dios lo va a liberar. Él va a poner de nuevo su cántico en el corazón de usted. Lo mejor que Dios tiene para usted se halla aún en el futuro, pero primero tendremos que hacer un poco de limpieza.

David, probablemente el mayor adorador del Antiguo Testamento, sentía el impacto de esta batalla cuando trataba de adorar al Señor. Sus gritos de clamor al Señor se pueden convertir en nuestros, mientras luchamos por experimentar su presencia:

Clamé a ti, oh Jehová;
Dije: Tú eres mi esperanza,
Y mi porción en la tierra de los vivientes.
Escucha mi clamor, porque estoy muy afligido.
Líbrame de los que me persiguen, porque son más fuertes
    que yo.
Saca mi alma de la cárcel, para que alabe tu nombre;
Me rodearán los justos,

Porque tú me serás propicio.

— SALMO 142:5-7

Ten misericordia de mí, Jehová;
Mira mi aflicción que padezco a causa de los que me
     aborrecen,
Tú que me levantas de las puertas de la muerte,
Para que cuente yo todas tus alabanzas
En las puertas de la hija de Sión,
Y me goce en tu salvación.

— SALMO 9:13-14

Se levantarán obstáculos para impedir que usted adore. Al principio de este capítulo le hablé de lo que me sucedió en la Conferencia bíblica de James Robison. El Señor me mostró que la adoración era tan pura en aquel ambiente porque las siete mil personas allí reunidas no habían tenido tiempo de enojarse o amargarse unas con otras. Como el enemigo no había podido distraerlas de la adoración, entraron a la presencia de Dios con un corazón puro y un espíritu libre.

El enemigo le va a hacer la guerra en todos los aspectos de su vida. Él no quiere que usted adore a Dios. Por eso le va a hacer guerra en su cuerpo con enfermedades. Va a atacar su alma con pesadez y sufrimientos. Satanás va a atacar su mente con pensamientos de maldad, no sólo cuando esté despierto, sino también mientras duerme. Va a hacer lo que sea, con tal de impedir que adore a Dios.

¿Por qué pelea el enemigo con tanta fuerza para impedir que usted y yo adoremos a Dios? Porque la adoración no es algo que estemos llamados a hacer. La adoración se halla en el núcleo mismo de aquello para lo cual fuimos creados. Dios lo diseñó a usted para que fuera un adorador. Él no quiere que usted se limite a apartar *momentos de adoración* como parte de su vida. Lo que quiere es que *su vida entera se convierta en una adoración dirigida a Él.*

Dios no quiere que usted se limite a apartar *momentos de adoración* como parte de su vida. Lo que quiere es que *su vida entera se convierta en una adoración dirigida a Él.*

La adoración no consiste en un culto en la iglesia, ni en cantar himnos. No la dirigen los cantores ni los instrumentos. Nunca se podrá convertir en una parte de la semana, o una hora del domingo, en las cuales usted hace una pausa en la vida para darle a Dios un tiempo y un dinero simbólicos. La adoración es el enfoque central de su vida que todo lo consume y nunca termina. Es su llamado como hijo de Dios. Es la orientación de su vida, que hace volver su rostro de las empresas y preocupaciones mundanas a Dios. La adoración es una vida totalmente consumida por un apasionado amor a Dios. Es una vida que besa continuamente el rostro de Dios.

La adoración es el llamado más alto del creyente

En la tierra de la adoración hay algunos gigantes grandes contra los cuales hay que batallar. Dios le revelará los nombres de esos gigantes, y le dará los planes para que obtenga la victoria. Pero primero necesitamos decidir que vale la pena hacer la guerra por la adoración. Las batallas exigen gran energía y enfoque espiritual. Para salir de ellas victoriosos, no podemos entrar a ellas sin preparación. Necesitamos una estrategia para triunfar.

¿Por qué necesitamos una estrategia? Nuestra estrategia comienza cuando comprendemos la clase de guerreros que somos. Pablo divide a la humanidad en tres grupos:

- Naturales
- Carnales
- Espirituales

Esto es lo que escribe:

> Pero el hombre natural no percibe las cosas que son del Espíritu de Dios, porque para él son locura... En cambio el espiritual juzga todas las cosas... De manera que yo, hermanos, no pude hablaros como a espirituales, sino como a carnales, como a niños en Cristo.
>
> — 1 CORINTIOS 2:14-15; 3:1

Aunque los corintios eran cristianos, no eran plenamente espirituales; no vivían en una obediencia total al Espíritu. Tampoco eran hombres naturales; gente que no conocía a Cristo. Eran cristianos carnales, que aún vivían en envidias y divisiones, como los que no son salvos.[2]

El hombre natural

El *hombre natural* ha estado separado de Dios como consecuencia del pecado de Adán. No puede adorarlo, porque no tiene relación alguna con Él. Adora, pero no a Dios. Todos hemos sido creados para adorar. Hay quienes adoran a su trabajo, las personalidades del deporte, el dinero, los espectáculos, las personalidades de la televisión o alguna otra cosa. Para el hombre natural, Dios es "el que está allá arriba", pero carece de una relación personal con Él.

El hombre carnal

El *hombre carnal* ha sido redimido de la muerte eterna por medio de la fe en la sangre de Jesús. El Espíritu Santo ha venido a vivir en él, pero su carne, cuerpo y alma (mente, voluntad o emociones) lo gobiernan. No puede experimentar una adoración genuina, porque se halla atrapado en las cosas de este mundo. Su relación con Dios sólo es una parte más de su vida. Ha dividido el pastel de su vida en tajadas concretas de diferentes tamaños. Una de las tajadas es su trabajo. En muchos casos, ésta es la tajada mayor de todas. Otra puede ser el matrimonio y la familia. Otra puede ser la diversión, los pasatiempos o el descanso. Y otra es la iglesia y la adoración.

Para el hombre carnal, la adoración es algo que él hace; no algo que es. La adoración es una pequeña tajada de su vida. Tiene un lugar en la vida, pero no es *la vida*. Por eso, el hombre carnal adora en los cultos y en la iglesia, pero nunca adora en casa con su familia, o en el trabajo mientras labora para ganarse el sustento. O sea, que el hombre carnal considera la adoración como un deber necesario, cumplido por lo general en una o dos horas los domingos.

Pregúntele al hombre carnal: "¿Ha adorado esta semana?" Su respuesta va a ser: "Claro que sí. Fui a la iglesia el domingo por la mañana".

El hombre espiritual

Pregúntele al hombre espiritual: "¿Ha adorado esta semana?" La respuesta va a ser muy distinta a la del hombre carnal. El hombre espiritual le va a decir: "Mi semana ha sido una adoración". Entonces, ¿quién es este hombre espiritual? El *hombre espiritual* es el que se somete por completo al Espíritu Santo. Es un hombre guiado por el Espíritu de Dios.

Puede adorar sin cesar, porque ha sometido su vida entera al Espíritu Santo para que la guíe. Tiene comunión de hijo con el Padre en todo cuanto hace y dice. "Y por cuanto sois hijos, Dios envió a vuestros corazones el Espíritu de su Hijo, el cual clama: ¡Abba, Padre!" (Gálatas 4:6). Su anhelo de adorar al Padre es tan intenso el lunes por la mañana, como el domingo. Adora a Dios con tanta pasión en el trabajo y en su casa, como en un culto de la iglesia. En lugar de que *una parte* de su vida sea adoración, el hombre espiritual halla que *toda* su vida es adoración.

El hombre espiritual tiene comunión de hijo con el Padre en todo cuanto hace y dice.

Dentro del hombre espiritual, Dios ha depositado el anhelo de adorarle todo el tiempo, en todo lugar y en toda situación.

Como el hombre carnal no camina en el Espíritu, siempre está tropezando con obstáculos y cayendo en trampas.

A no haber estado Jehová por nosotros,
Diga ahora Israel;
A no haber estado Jehová por nosotros,
Cuando se levantaron contra nosotros los hombres,
Vivos nos habrían tragado entonces,
Cuando se encendió su furor contra nosotros.
Entonces nos habrían inundado las aguas;
Sobre nuestra alma hubiera pasado el torrente;
Hubieran entonces pasado sobre nuestra alma las aguas
    impetuosas.

Bendito sea Jehová,
Que no nos dio por presa a los dientes de ellos.
Nuestra alma escapó cual ave del lazo de los cazadores;
Se rompió el lazo, y escapamos nosotros.
Nuestro socorro está en el nombre de Jehová,
Que hizo el cielo y la tierra.
— SALMO 124:1-8, CURSIVA DEL AUTOR.

Cuando el enemigo nos prepara una trampa, Dios nos da la salida. ¿Cómo escapa el ave cuando se rompe el lazo? Extendiendo las alas y volando hacia el cielo. A medida que adora y alaba a Dios en toda su vida, el hombre espiritual escapa continuamente de las trampas y los lazos del enemigo.

Si alguna vez ha volado en avión, comprenderá lo que estoy tratando de decirle. A mis hijos les encanta cuando me los puedo llevar conmigo a un viaje. Al llegar a la puerta de entrada, están desesperados por entrar al avión. Me preguntan: "Papá, ¿cuándo vamos a despegar?" No les preocupa en absoluto el tiempo en que el avión camina hacia la pista; lo que quieren es despegar. Cuando el avión llega al lugar de la pista donde se detiene y comienzan a rugir los motores, se les llena el rostro de entusiasmo y dicen: "Papi, asegúrate de tener puesto el cinturón de seguridad, porque ya vamos a despegar".

El empuje de los motores del avión es como la alabanza. La alabanza llena de adoración es la que nos hace volar. Mientras más aumenta el piloto el empuje, más alto vuela el avión. La alabanza nos saca de las nubes... nos lleva sobre la turbulencia que queda debajo de nosotros. Una vez que el avión alcanza altura de crucero, se apagan las luces de los cinturones de seguridad, y uno se puede mover con libertad por la cabina. ¿Por qué se puede mover ahora con libertad? Porque mientras más alto se vaya, menos resistencia y turbulencia se encuentran.

El enemigo pone trampas para que nuestra alabanza no despegue

El hombre espiritual debe estar consciente de las trampas y las estratagemas del enemigo. A medida que va adorando en toda su vida, irá encontrando las trampas y los lazos de Satanás. Pablo nos advierte que estemos conscientes de las estratagemas del enemigo, "para que Satanás no gane ventaja alguna sobre nosotros; pues no ignoramos sus maquinaciones" (2 Corintios 2:11).

¿Cuáles son las trampas que pone el enemigo para obstaculizar nuestra adoración, impedir que despegue nuestra alabanza y distraernos, de manera que no amemos a Dios de una forma total y apasionada? Veamos más de cerca estas trampas.

La trampa del orgullo

El orgullo obstaculiza por completo y hace desaparecer la alabanza y la adoración verdaderas. Es con mucho nuestro mayor impedimento en la adoración. Es sutil y levanta su fea cabeza cuando menos lo esperamos. Si usted no se cuida, hasta se puede llegar a sentir orgulloso de su humildad.

El orgullo es con mucho nuestro mayor impedimento en la adoración.

Si nos sentimos orgullosos de nuestros dones, haremos exhibición de ellos a fin de impresionar a los demás y revelar nuestro secreto deseo de ser aplaudidos. He aprendido mucho observando a otros que están en el ministerio. Por ejemplo, he estado en algunas iglesias donde la gente adoraba su propia adoración a Dios, en lugar de adorar al propio Dios.

Antes de su exilio, Lucifer dirigía la adoración en el cielo. Era el que más cerca caminaba del trono de Dios, hasta que se volvió orgulloso y quiso ocupar el lugar de Dios.

> Tú, querubín grande, protector,
> yo te puse en el santo monte de Dios,
> allí estuviste;
> en medio de las piedras de fuego te paseabas.
> Perfecto eras en todos tus caminos desde el día que fuiste
>   creado,
> hasta que se halló en ti maldad.
>
> — EZEQUIEL 28:14-15

Debemos estar conscientes de las siguientes realidades:

- "Antes del quebrantamiento es la soberbia, y antes de la caída la altivez de espíritu" (Proverbios 16:18).
- El orgullo es una trampa. Una vez que se dispara, es seguro que atrapa a su presa. Es lo que llevó a Lucifer a su rebelión contra Dios y a su propia destrucción.

> ¡Cómo caíste del cielo,
> oh Lucero, hijo de la mañana!
> Cortado fuiste por tierra,
> tú que debilitabas a las naciones.
> Tú que decías en tu corazón:
> Subiré al cielo; en lo alto,
> junto a las estrellas de Dios, levantaré mi trono,

y en el monte del testimonio me sentaré,
a los lados del norte;
sobre las alturas de las nubes subiré,
y seré semejante al Altísimo.

— Isaías 14:12-14

La trampa de la voluntad propia

La fea gemela del orgullo es la *voluntad propia*. En cinco verbos del texto anterior, Lucifer manifiesta esa voluntad: *"Subiré* al cielo". "Junto a las estrellas de Dios *levantaré* mi trono." "Y en el monte del testimonio *me sentaré.*" "Sobre las alturas de las nubes *subiré.*" *"Seré* semejante al Altísimo."

No conjugue ninguno de estos verbos. Su orgullo y su voluntad propia van a tener por consecuencia una caída. Y ahora, clave los ojos en el escenario para ver el gran final; *la caída:*

Mas tú derribado eres hasta el Seol,
a los lados del abismo.

— Isaías 14:15

Una de las historias más tristes que hay en la Palabra de Dios, habla de la voluntad propia, y es la historia de Nadab y Abiú, los dos hijos de Aarón (vea Levítico 7—10). Leemos en el Levítico que Dios le indicó a Moisés que ungiera a Aarón y a sus hijos para el ministerio. Moisés lo hizo todo tal como el Señor le había ordenado. Durante la preparación para la unción de Aarón y de sus hijos, éstos pasaron por algunas ceremonias muy intensas:

De la puerta del tabernáculo de reunión no saldréis en siete días, hasta el día que se cumplan los días de vuestras consagraciones; porque por siete días seréis consagrados. De la manera que hoy se ha hecho, mandó hacer Jehová para expiaros. A la puerta, pues, del tabernáculo de reunión estaréis día y noche por siete días, y guardaréis la ordenanza delante de Jehová, para que no muráis; porque así me ha sido mandado. Y Aarón y sus hijos hicieron todas las cosas que mandó Jehová por medio de Moisés.

— Levítico 8:33-36

Pasaron por siete días de preparación y expectación mientras esperaban el gran día. Al octavo día, Moisés llamó a Aarón y sus hijos, y reunió a los ancianos de Israel (Levítico 9:1).

Había llegado el gran día, en el cual iba a aparecer la gloria del Señor. Entonces Moisés dijo: "Esto es lo que mandó Jehová; hacedlo, y la gloria de Jehová se os aparecerá" (Levítico 9:6).

> Después alzó Aarón sus manos hacia el pueblo y lo bendijo; y después de hacer la expiación, el holocausto y el sacrificio de paz, descendió. Y entraron Moisés y Aarón en el tabernáculo de reunión, y salieron y bendijeron al pueblo; y la gloria de Jehová se apareció a todo el pueblo. Y salió fuego de delante de Jehová, y consumió el holocausto con las grosuras sobre el altar; y viéndolo todo el pueblo, alabaron, y se postraron sobre sus rostros.
>
> — LEVÍTICO 9:22-24

Como sacerdotes consagrados al Señor, Aarón y sus hijos sólo podían servir en el lugar santo. Habían cumplido todos los requisitos, y estaban listos para celebrar. Moisés, Aarón, los hijos de éste y el pueblo gritaban y se regocijaban por la gloria de Dios que acababan de presenciar.

Entonces sucedió lo impensable.

> Nadab y Abiú, hijos de Aarón, tomaron cada uno su incensario, y pusieron en ellos fuego, sobre el cual pusieron incienso, y ofrecieron delante de Jehová fuego extraño, que él nunca les mandó. Y salió fuego de delante de Jehová y los quemó, y murieron delante de Jehová. Entonces dijo Moisés a Aarón: Esto es lo que habló Jehová, diciendo: En los que a mí se acercan me santificaré, y en presencia de todo el pueblo seré glorificado. Y Aarón calló.
>
> — LEVÍTICO 10:1-3

La escena cambia en cuestión de minutos, los gritos de regocijo se convierten en caos y gritos de agonía. El primer fuego trajo gozo consigo. El segundo trajo el juicio de Dios. El primer fuego del cielo había consumido el sacrificio de Aarón. El segundo consumió a sus dos hijos.

La rebeldía del orgullo tiene un alto precio. Tenemos que ir a Dios de acuerdo con sus términos, y no los nuestros.

Tal vez usted esté pensando. ¿A qué viene tanta importancia? Qué más da; todo lo que hicieron fue poner un poco de incienso. ¿Es eso tan malo? ¿Merece la muerte?

Nadab y Abiú conocían las reglas. Conocían los mandamientos de Dios con respecto a la corrección en la adoración. Estaba desobedeciendo voluntariamente. Como consecuencia, pagaron un precio muy alto: la muerte.

La adoración debe tener su fundamento e instrucción en la Palabra de Dios. El "fuego profano" de la voluntad propia no va a quedar sin castigo en la presencia de Dios. Debemos darnos cuenta de que nadie puede adorar a Dios como a él le parezca. Tenemos que acercarnos a Él de acuerdo con sus requisitos, y no los nuestros.

La trampa de la tradición

Jesús les habló a los líderes religiosos de su tiempo, diciéndoles: "[Vosotros estáis] invalidando la palabra de Dios con vuestra tradición que habéis transmitido. Y muchas cosas hacéis semejantes a estas" (Marcos 7:13).

El hombre inventó la religión para mantener a Dios a una distancia segura. Los humanos sustituyeron la *relación* con Dios por su *religión*. Éste fue su razonamiento: "Esto es lo que vamos a hacer. Le vamos a edificar a Dios una casa, y lo vamos a poner en ella. Si Dios se queda en la casa que le construyamos, entonces lo podremos mantener fuera de las nuestras. También le vamos a dar a Dios un día de adoración (como el domingo), y los otros seis van a ser para hacer nosotros lo que nos parezca. Le vamos a dar una hora; de esa forma, todas las demás horas son para disfrutarlas nosotros. Si mantenemos a Dios a una distancia segura, tal vez no interfiera con lo que queremos hacer".

Las tradiciones son las cosas que hacemos porque así las hemos recibido de otros. Los principios enseñados por hombres que no tienen sus raíces en la Palabra de Dios, son tradiciones de hombres. Una tradición de hombres enseña a la gente las formas de acercarse a Dios con religiosidad; formas que tienen la apariencia de ser adoración a Dios en el ambiente de una iglesia. Pero la adoración inventada por el hombre sólo es un servicio externo, y con frecuencia el corazón de las personas se halla muy lejos de Él.

Las tradiciones nos llevan a esperar cosas que son irrelevantes para el Reino de Dios. Las tradiciones humanas son las que esperan de la gente que se vista y actúe de cierta forma en la iglesia. Esperamos que la adoración dure una cantidad de tiempo ya señalada. La religión dice que primero *alabamos* durante cierto tiempo, y después *adoramos*. Después de la adoración hacemos los anuncios. Entonces tenemos el mensaje. La tradición dice que hay un cierto estilo que debe gobernar nuestra forma de cantar nuestros cantos.

Las tradiciones humanas dictan nuestra forma de adorar. Pero la tradición no puede prescribir la adoración, sino que ésta brota del corazón y es guiada por el Espíritu.

La tradición no puede prescribir la adoración, sino que ésta brota del corazón y es guiada por el Espíritu.

En el Antiguo Testamento, los israelitas estaban constantemente tratando de adorar a Dios por medio de tradiciones, en lugar de hacerlo desde el corazón. Escuche lo que dice Dios por medio del profeta Miqueas:

> ¿Con qué me presentaré ante Jehová, y adoraré al Dios Altísimo? ¿Me presentaré ante él con holocaustos, con becerros de un año? ¿Se agradará Jehová de millares de carneros, o de diez mil arroyos de aceite? ¿Daré mi primogénito por mi rebelión, el fruto de mis entrañas por el pecado de mi alma?
>
> — MIQUEAS 6:6-7

Leemos en Job que nada de cuanto hagamos mueve a Dios:

> Si pecares, ¿qué habrás logrado contra él? Y si tus rebeliones se multiplicaren, ¿qué le harás tú? Si fueres justo, ¿qué le darás a él? ¿O qué recibirá de tu mano? Al hombre como tú dañará tu impiedad, y al hijo de hombre aprovechará tu justicia.
>
> — JOB 35:6-8

Las tradiciones —tanto buenas como malas, emocionantes como aburridas— no le pueden dar forma a la verdadera adoración. Las *tradiciones* son esas cosas que reducen la verdadera adoración y causan que nuestra fe en Dios quede sofocada. No son nada más que *formalismos*, manifestaciones exteriores de religiosidad, observancia de formas, reglas, métodos enseñados por hombres, que hacen ineficaz la Palabra de Dios.

La verdadera adoración fluye de unas manos limpias y un corazón puro. En Isaías 29:13, Dios revela:

> Dice, pues, el Señor: Porque este pueblo se acerca a mí con su boca, y con sus labios me honra, pero su corazón está lejos de mí, y su temor de mí no es más que un mandamiento de hombres que les ha sido enseñado...
>
> — ISAÍAS 29:13

Los mandamientos de los hombres son los que forman las tradiciones. El resultado de la adoración fabricada por el hombre toma una forma externa moldeada por reglas, pero no brota de la persona interior, del hombre espiritual; *del corazón*.

Hallamos en Juan 4:24 una descripción de la adoración espiritual: "Dios es Espíritu; y los que le adoran, en espíritu y en verdad *es necesario* que adoren" (cursiva del autor).

La trampa del juicio

La tradición trae consigo a su amigo, el juicio.

> Por lo cual eres inexcusable, oh hombre, quienquiera que seas tú que juzgas; pues en lo que juzgas a otro, te condenas a ti mismo; porque tú que juzgas haces lo mismo.
>
> — ROMANOS 2:1

Los partidarios de una tradición son rápidos para juzgar y condenar a los partidarios de otra. La gente amiga de criticar siempre está sumergiendo a los que "no son como ellos" en malas noticias. Continuamente les dicen lo que anda mal en la vida de ellos y en su adoración. Pero la adoración no tiene que ver con este centrarse en las malas noticias, sino que está relacionada con la buena noticia de Jesucristo.

Volvamos a las buenas nuevas de la adoración. El cuerpo de Cristo está experimentando hoy lo más maravilloso que se ha producido jamás en la alabanza y la adoración. Considero que parte de la adoración más ungida que he oído jamás procede de Australia. El Señor está usando a Darlene Zschech (a quien nunca he conocido personalmente, así que no se trata de interés alguno, pero sigue siendo cierto) y el increíble equipo que la rodea, para tocar mi vida y las de otros en el mundo entero.

En todas las naciones donde Dios me ha permitido ministrar, he tenido el maravilloso privilegio de escuchar a los adoradores mientras usan cantos tomados del ministerio de Darlene. Estos cantos han tocado mi vida, y estoy viendo que han tocado también al cuerpo de Cristo en todas partes. Pero los cantos ungidos no son demostración de que haya una adoración genuina. Si tratamos de convertir estos cantos —u otros— en la prueba de que hay verdadera adoración, se convertirán en instrumentos de una tradición, en lugar de ser instrumentos de la alabanza y la adoración, que es para lo que fueron compuestos.

Hasta las grandes iglesias de adoradores caen en las trampas llamadas *tradición* y *juicio*. Comienzan adorando con el corazón, pero después de algún tiempo, terminan adorando su propia adoración, en lugar de adorar a Dios.

La trampa del juicio nos puede llevar fácilmente a la trampa siguiente: un espíritu crítico.

La trampa de un espíritu crítico

El espíritu de crítica puede amargar realmente el dulce espíritu de la adoración. ¿Qué es un espíritu crítico? Es el hábito negativo de hallarles faltas a todas las cosas y a todas las personas. No hay lugar a dudas de que puede ser devastador para la adoración. Cuando criticamos, en lugar de corregir y dar ánimo, no sólo condenamos a la persona a la que criticamos, sino que también nos condenamos a nosotros mismos. Al enemigo le encanta que la gente critique, porque la trampa de un espíritu crítico impide que la persona llegue a ser verdadera adoradora. Cuando juzgamos, condenamos y criticamos a los demás, levantamos un muro que nos separa de la presencia de Dios.

El espíritu de crítica puede amargar realmente el dulce espíritu de la adoración.

Necesitamos recordar que debemos mantener los ojos fijos en Jesús, que es perfecto, porque el ser humano no lo es. Siempre podremos hallar en los demás algo que no nos agrada. En Isaías 58, el Señor habla certeramente acerca de nuestra tendencia a criticar a los demás, diciendo:

Entonces invocarás, y te oirá Jehová;
clamarás, y dirá él: Heme aquí.
Si quitares de en medio de ti el yugo,
el dedo amenazador, y el hablar vanidad...
en las tinieblas nacerá tu luz,
y tu oscuridad será como el mediodía.

— ISAÍAS 58:9-10, CURSIVA DEL AUTOR

Esto es lo que sucede cuando tenemos un espíritu de crítica. Mientras estemos señalando las debilidades de otros, no tendremos tiempo para permitirle a Dios que nos limpie de las nuestras. Y eso impide que entremos en su presencia.

Las personas que tienen un espíritu de crítica pueden señalar con facilidad los fallos de los demás, porque muchas veces están luchando ellas mismas con ese mismo problema. Siempre se están especializando en pequeñeces. Todo se distorsiona, porque no analizan primero sus propios ojos o su corazón. Les exigen a los demás un nivel de santidad en el cual ellos mismos no están dispuestos a vivir.

El crítico está tan dispuesto a quitar lo que él cree que es una viga en el ojo de su hermano, que no se da cuenta del inmenso tablón que hay en el suyo (vea Lucas 6:41-42). Por ejemplo, lo que en otros llama *mal genio*, en su propia vida lo excusa, diciendo que es una *justa indignación*.

Recuerde que la adoración tiene que ver con las buenas nuevas; no con malas noticias. No nos debemos centrar en las malas noticias que son evidentes en la vida de los demás. Nos debemos centrar en las buenas nuevas de que todos nos estamos convirtiendo en nuevas criaturas en Cristo Jesús.

¿Cómo podemos ser liberados de este terrible espíritu que nos lleva a hallar faltas por todas partes? Juan escribe:

> Si confesamos nuestros pecados, él es fiel y justo para perdonar nuestros pecados, y limpiarnos de toda maldad... Hijitos míos, estas cosas os escribo para que no pequéis; y si alguno hubiere pecado, abogado tenemos para con el Padre, a Jesucristo el justo. Y él es la propiciación por nuestros pecados; y no solamente por los nuestros, sino también por los de todo el mundo.
>
> — 1 Juan 1:9; 2:1-2

Sus críticas hacia otra persona no la van a cambiar. Las personas cambian en la presencia de Dios. En lugar de esto, enfoque sus críticas hacia la oración. Ore para que entren en la presencia de Dios. Ore para permanecer usted mismo en su presencia, de manera que usted también sea transformado. Ore para que Dios lo haga pasar de criticar a dar aliento... de juzgar a discernir... y de condenar a ser compasivo.

La trampa de la ignorancia

El enemigo nos quiere mantener en tinieblas con respecto a la adoración. Nos quiere mantener ignorantes, atrapados en nuestra falta de conocimiento.

Hay una forma correcta y otra incorrecta de adorar a Dios. Una vez que hayamos oído la verdad, en realidad nuestra ignorancia ya no tendrá excusa. La falta del conocimiento espiritual para "adorar en verdad", no sólo nos aparta de la verdadera adoración, sino que con facilidad nos puede guiar a una adoración incorrecta que tiene efectos secundarios dañinos. En Oseas 4:6 leemos: "pueblo fue destruido, porque le faltó conocimiento".

El pueblo hebreo de la antigüedad consideraba el *conocimiento* como la entrada activa y dinámica a una relación íntima. Entendían que "conocer" a Dios era entrar en una relación íntima con Él. El "conocimiento" (en hebreo, *yadá*) es la intimidad más estrecha entre dos personas, y el conocimiento que se adquiere a partir de esa intimidad. Tener intimidad con Dios es conocerlo tanto con la mente como con el corazón. Es una intimidad que se desarrolla a partir de la *experiencia*, no sólo de los estudios o las teorías.

Entonces, ¿cómo sé cuándo lo he adorado correctamente? ¡Busque la lluvia! ¿La lluvia? Tal vez usted esté diciendo: "Sam, ¿de qué estás hablando? ¿Qué tiene que ver la lluvia con la adoración a Dios?" Me alegro de que me lo haya preguntado. Piense en lo que Dios dice acerca de la verdadera adoración y la lluvia:

> Si obedeciereis cuidadosamente a mis mandamientos que yo os prescribo hoy, amando a Jehová vuestro Dios, y sirviéndole con todo vuestro corazón, y con toda vuestra alma, yo daré la lluvia de vuestra tierra a su tiempo, la temprana y la tardía; y recogerás tu grano, tu vino y tu aceite.
>
> — Deuteronomio 11:13-14

> Y acontecerá que los de las familias de la tierra que no subieren a Jerusalén para adorar al Rey, Jehová de los ejércitos, no vendrá sobre ellos lluvia.
>
> — Zacarías 14:17

Cuando usted está adorando a Dios, ¿le parece que se abren los cielos encima de usted, o siguen cerrados? La lluvia anuncia la presencia de Dios en medio de nosotros. La falta de ella indica que la presencia de Dios no se está abriendo paso a través de nuestros muros y obstáculos hechos por los hombres.

> ¿Hay entre los ídolos de las naciones quien haga llover?
> ¿Y darán los cielos lluvias?
> ¿No eres tú, Jehová, nuestro Dios?
> En ti, pues, esperamos,
> pues tú hiciste todas estas cosas.
>
> — Jeremías 14:22

En el pasado, tala vez hayamos adorado por ignorancia a todos los dioses que no debíamos. Pero por medio del conocimiento del Dios vivo, ahora lo adoramos y recibimos del cielo la lluvia que nos riega, sostiene y hace fructíferos.

La trampa del espíritu religioso

Tal vez usted no haya caído en esta trampa, pero quiero que esté consciente de cómo se le debe ministrar a alguien que se ha visto atrapado por la religión. Permítame explicarle mi interpretación sobre alguien que tiene un espíritu religioso. El espíritu religioso se manifiesta como que tiene "apariencia de piedad, pero negará la eficacia de ella" (2 Timoteo 3:5). La persona con un espíritu religioso se niega a tener en su vida la plenitud de Dios. Es ella quien quiere controlar a Dios, en lugar de someterle el control de todo a Él.

> La persona religiosa quiere controlar a Dios, en lugar de someterle el control de todo a Él.

Cuando se trata de su relación con Dios, ¿nota usted que está haciendo más cosas y adorando menos? Si la adoración está unida al *lugar* donde adora, y no a *Aquél* a quien adora, es posible que esté a punto de caer en la trampa religiosa.

Jesús se dirigió a un espíritu religioso en la mujer samaritana, explicándole a ella que la adoración no era resultado de *dónde* ella adorara, sino de *Aquél* a quien adoraba:

> Nuestros padres adoraron en este monte, y vosotros decís que en Jerusalén es el lugar *donde se debe adorar.* Jesús le dijo: Mujer, créeme, que la hora viene cuando ni en este monte ni en Jerusalén adoraréis al Padre.
>
> — JUAN 4:20-21, CURSIVA DEL AUTOR

Por haberse convertido en una nación religiosa, en lugar de permanecer en la intimidad con Dios, Judá se encontró en el exilio babilónico. Desde su lugar de cautiverio, los israelitas cantaban:

Junto a los ríos de Babilonia,
Allí nos sentábamos, y aun llorábamos,
Acordándonos de Sión.
Sobre los sauces en medio de ella
Colgamos nuestras arpas.
Y los que nos habían llevado cautivos nos pedían que cantásemos,

Y los que nos habían desolado nos pedían alegría, diciendo:
Cantadnos algunos de los cánticos de Sión.
¿Cómo cantaremos cántico de Jehová
en tierra de extraños?

— SALMO 137:1-4

¿Por qué se hallaba el pueblo en Babilonia, en lugar de hallarse en Sión, donde habría debido estar? Estaban habitando en una tierra de religión falsa en lugar de habitar en Sión, donde habrían podido adorar al Dios verdadero. Se habían dejado enredar por un espíritu religioso, y la consecuencia había sido el cautiverio en tierra extraña.

Tenga cuidado con las compañías con las que anda. La gente religiosa no sólo va a afectar su adoración, sino que también lo puede infectar a usted. No sólo es en el mundo donde se puede encontrar a alguien con un espíritu religioso; tal vez estén sentados junto a usted en la banca de su iglesia. Si yo tuviera que escoger entre andar con alguien que no es salvo, pero que necesita a Jesús, y alguien que sea realmente religioso, preferiría pasar mi tiempo con el no salvo que busca al Señor. Por lo menos, ese pagano sabe que necesita a Dios. La persona religioso está engañada y piensa que ha hallado a Dios, cuando en realidad, todo lo que ha hallado es una falsa religión.

La adoración verdadera nos hace libres de la esclavitud a unas creencias torcidas y a un sistema religioso falso. Sólo cuando adoramos realmente a Dios, nuestro espíritu es liberado del cautiverio para volar hasta la presencia de Dios.

Hay un lugar por el cual sólo unos pocos han caminado. Está reservado para un grupo especial de personas: *los verdaderos adoradores de Dios*. "Senda que nunca la conoció ave, ni ojo de buitre la vio; nunca la pisaron animales fieros, ni león pasó por ella" (Job 28:7-8). Los verdaderos adoradores buscan una relación con Dios; no un sistema religioso que afirme saber cosas acerca de Él. No hay sistema religioso... ni espíritu religioso que haya besado jamás personal o íntimamente el rostro de Dios.

Los verdaderos adoradores
buscan una relación con Dios; no
un sistema religioso que afirme
saber cosas acerca de Él.

La trampa de la falta de perdón

Nuestra adoración se ve obstaculizada cuando nos mantenemos sin perdonar a alguien, tanto si la ofensa es real, como si es imaginaria. Para entrar en la presencia de Dios, el perdón es imprescindible. Ni siquiera debemos participar en la mesa del Señor si tenemos falta de perdón en el corazón. La falta de perdón es una iniquidad que nos separa de Dios:

> He aquí que no se ha acortado la mano de Jehová
> para salvar,
> ni se ha agravado su oído para oír;
> pero vuestras iniquidades han hecho división entre voso-
> tros y vuestro Dios,
> y vuestros pecados han hecho ocultar de vosotros su rostro
> para no oír.
>
> — ISAÍAS 59:1-2

El perdón no es algo optativo para el verdadero adorador. Es un requisito. Dios no nos va a perdonar si nosotros nos negamos a perdonar a otros sus ofensas. El Señor dice esto con toda claridad en el Sermón del Monte cuando dice: "Y perdónanos nuestras deudas, como también nosotros perdonamos a nuestros deudores... Porque si perdonáis a los hombres sus ofensas, os perdonará también a vosotros vuestro Padre celestial; mas si no perdonáis a los hombres sus ofensas, tampoco vuestro Padre os perdonará vuestras ofensas" (Mateo 6:12, 14-15).

¿Cómo perdonamos de veras a alguien que nos ha hecho algún mal? Tanto en el Antiguo Testamento como en el Nuevo, Dios afirma repetidamente que la única forma de llegar a su presencia es con un corazón libre de pecado. Mientras no nos decidamos a perdonar a todos cuanta ofensa nos hayan hecho, la adoración nos va a ser imposible. "Y cuando estéis orando, perdonad, si tenéis algo contra alguno, para que también vuestro Padre que está en los cielos os perdone a vosotros vuestras ofensas" (Marcos 11:25).

¿Qué es el perdón bíblico? Es el perdón que deja ir el dolor, el resentimiento y los deseos de vengarse. El perdón genuino está dispuesto a perdonar, aunque la otra persona no se arrepienta. Proverbios nos ayuda a comprender el perdón auténtico.

> La cordura del hombre detiene su furor, y su honra es pasar por alto la ofensa.
>
> — PROVERBIOS 19:11

> No digas: Como me hizo, así le haré; daré el pago al hombre según su obra.
>
> — PROVERBIOS 24:29

Jesús proclama que es necesario perdonar: "Porque si perdonáis a los hombres sus ofensas, os perdonará también a vosotros vuestro Padre celestial" (Mateo 6:14). El perdón es el acto de excusar o perdonar a otro, a pesar de sus limitaciones y errores. El perdón bíblico nos exige que perdonemos a los demás, porque la gracia de Dios trae consigo responsabilidades y obligaciones. Estamos obligados a perdonar, porque Dios nos ha perdonado a nosotros:

> Mas Dios muestra su amor para con nosotros, en que siendo aún pecadores, Cristo murió por nosotros. Pues mucho más, estando ya justificados en su sangre, por él seremos salvos de la ira..
>
> — ROMANOS 5:8-9

Dicho sea de paso, Jesús no puso límites al perdón de los cristianos. Cuando tenemos un espíritu de perdón, ese espíritu manifiesta que realmente somos seguidores de Jesucristo.

Le estoy pidiendo que examine su propio corazón en busca de lugares donde tal vez haya quedado atrapado en la falta de perdón. Dios quiere quebrantar esas fortalezas que hay en su vida.

La trampa de las quejas

Las quejas se convirtieron en el hábito diario de los hijos de Israel mientras deambulaban por el desierto. Sus quejas eran ataques contra los líderes espirituales que los estaban llevando a la presencia de Dios en el monte Sinaí.

> Y toda la congregación de los hijos de Israel murmuró contra Moisés y Aarón en el desierto; y les decían los hijos de Israel: Ojalá hubiéramos muerto por mano de Jehová en la tierra de Egipto, cuando nos sentábamos a las ollas de carne, cuando comíamos pan hasta saciarnos; pues nos habéis sacado a este desierto para matar de hambre a toda esta multitud.
>
> — ÉXODO 16:2-3

Moisés —y Dios por medio de Él— reprendió al pueblo por sus quejas. Pero las quejas siguieron. Sus quejas provocaron la ira de Dios en una serie de ocasiones, atrayendo la aflicción y el juicio divino sobre Israel. "Aconteció que el pueblo se quejó a oídos de Jehová; y lo oyó Jehová, y ardió su ira, y se encendió en ellos fuego de Jehová, y consumió uno de los extremos del campamento" (Números 11:1).

Las quejas siempre provocan la ira de Dios. Construyen una muralla de dudas y desconfianza entre nosotros y su presencia. Siempre se centran en un problema o una persona, *en lugar de centrarse en Jesús*. Cuando nos quejamos de la música, ya no nos puede ayudar a centrarnos en la presencia de Dios. Cuando nos quejamos del mensaje, ese mensaje ya no nos puede ministrar la Palabra de Dios. Cuando nos quejamos del pastor, el pastor ya no puede ayudar a fortalecernos con el toque consolador de Dios. Las quejas nos apartan del poder de la presencia de Dios para tocarnos, enseñarnos, llenarnos o transformarnos.

Quite los ojos del problema o de la gente, para fijarlos en Jesús. Deje de quejarse y comience a adorar. Cuando uno se centra en su forma de adorar, siempre va a poder hallar algo de qué quejarse. Pero cuando uno besa el rostro de Dios, su único pensamiento va a ser: ¡*Cuánto amo a Jesús*!

La trampa del chisme

Son muchos los lazos y trampas que existen y usa el enemigo para distraernos de la adoración verdadera. No tengo ni el tiempo ni el espacio necesarios para destacarlos todos, pero hay uno más que merece ahora nuestra atención: el chisme. El chismoso da a conocer acerca de otra persona algo que la va a herir o le va a hacer daño. Decir chismes equivale a abandonar el hablar la verdad con amor. Al contrario; el chismoso cuenta todo lo que oye, sin preocuparle nunca a quién hiere, ni cuál es la verdad.

¿Es su deseo más profundo besar el rostro de Dios con una adoración verdadera?

Las Escrituras ordenan: "El que anda en chismes descubre el secreto; no te entremetas, pues, con el suelto de lengua" (Proverbios 20:19). Cuando surge en la iglesia algún chisme sustancioso, todos los chismosos parecen encontrarse unos a otros con verdadera rapidez. El chisme no sólo hiere a la persona, sino que también distrae el corazón del chismoso de la adoración verdadera. En medio de lo que debería ser adoración a Dios, el atrapado por el chisme está pensando en lo que acaba de oír acerca de otra persona, en lugar de pensar en lo que Dios acaba de decir.

Si se le acerca un chismoso antes del culto, durante él o al final, actúe con rapidez y firmeza. Llévelo directamente a la persona acerca de la cual está hablando. Haga que le hable cara a cara a la persona que está difamando. Los labios del chismoso están llenos de mentiras, engaño y malas intenciones. Los labios que dicen chismes no pueden besar el rostro de Dios.

¡Salga de las trampas!

¿Está encarcelada su alma? ¿Ha guerreado contra usted el enemigo? ¿Está cautivo? ¿Era libre y ahora es esclavo? ¿Está batallando contra un espíritu religioso? ¿Se está juntando con quienes no debe? ¿Las tradiciones lo tienen atado? ¿Ha estado juzgando a otros? ¿Lo ha obstaculizado el orgullo por completo? ¿Tiene un espíritu de crítica? Y lo más importante, ¿se niega en su corazón a perdonar? ¿Está diciendo u oyendo chismes?

Éstas son sólo unas cuantas de las cosas que interrumpen el fluir del Espíritu Santo en su vida. Jesús murió en la cruz y se llevó consigo los pecados de usted. Nuestra única esperanza se halla en quién es Él y lo que hizo por nosotros.

Amigo, en la cruz de Jesús la ira y el amor de Dios se reunieron para usted. Él tomó sobre sí la ira divina, porque lo ama a usted. Tomó sobre sí el castigo por sus pecados para satisfacer a la justicia de Dios. Murió para liberarlo del pecado, a fin de que fuera libra para adorar. Murió para liberarlo de todo lazo y trampa del enemigo.

¿Es su deseo más profundo besar el rostro de Dios con una adoración verdadera? Si lo es, dé estos importantes pasos:

Para besar el rostro de Dios...

1. Confiese cuanto obstáculo levante un muro entre usted y el Dios viviente.
2. Pida la presencia de Dios para que lo haga más receptivo ante los cambios que Él quiere hacer en su vida.
3. Humíllese ante Dios y ante los demás.
4. Deseche las tradiciones de hombres.
5. En lugar de criticar, dé ánimo.
6. Arrepiéntase de su actitud de no perdonar y tome la decisión de perdonar siempre a los demás, aunque ellos no se arrepientan ni le pidan perdón.
7. Deje de quejarse y comience a alabar.
8. Niéguese a escuchar chismes o a contárselos a otros.
9. Ore así: *Señor Jesús, libérame de todos los lazos y trampas del enemigo. Te doy gracias porque moriste por mí para hacerme libre, de manera que pudiera adorarte en espíritu y en verdad. Amén.*

Capítulo 3

Sencillamente, enamorarse *de* Jesús

Cuando comencé a escribir este capítulo, me acordé de lo importante que es decirle a Jesús lo mucho que lo amo. A lo largo de toda mi vida, a medida que he ido aprendiendo sobre la adoración, Dios siempre ha usado a mis hijos para enseñarme valiosas lecciones sobre la sencillez.

Una mañana hace poco, Dios me recordó que necesito sencillez al adorar, cuando Christa, mi hija más pequeña, entró en nuestro dormitorio muy temprano, como suele hacer. Todo lo que hizo fue quedarse de pie junto a nuestra cama y esperar para ver si su mamá o su papá se moverían. Tan pronto como notó que la estábamos mirando con unos ojos medio abiertos y llenos de sueño, se inclinó para darnos un gran beso de buenos días. Entonces saltó a la cama con nosotros y se acurrucó entre nosotros por unos minutos. Al poco rato saltó y pidió el desayuno. Aquel breve momento con nosotros fue muy agradable... mientras duró.

A través de este incidente, el Señor me recordó lo complicada que se había vuelto mi adoración. Yo sentí convicción acerca del largo tiempo transcurrido desde que me limitaba a lanzarle un beso y decirle: "Jesús, te amo". Así como el primer deseo de Christa por la mañana fue besar a sus padres y pasar un momento acurrucada junto a ellos, también nuestro anhelo al adorar debería ser sólo éste: *besar el rostro de Dios y pasar tiempo con Él.*

Permítame que le explique. Cuando mis hijos eran más pequeños, todas las noches orábamos juntos antes de que se fueran a dormir. Al final de nuestro momento de oración, yo les decía: "Vamos a darle a Jesús un gran beso". Ellos le lanzaban a Jesús un gran beso y le decían que lo amaban. ¿Qué les enseñaba esto? Que la adoración, para ser genuina, debe ser una expresión de amor.

Lanzarle un beso a Jesús se convirtió en algo grande dentro de mi familia. Finalmente, esta expresión de adoración se convirtió en una de las cosas que me encantaba hacer en todos los cultos de adoración que dirigía. Quería que la gente comprendiera cómo puede ser la adoración sencilla, y lo complicada que la hemos hecho.

Una noche, después de orar con Christa antes de que se acostara, los dos le lanzamos a Jesús un gran beso. Cuando yo me daba vuelta para salir de su habitación, ella me dijo: "Papá, tírame un beso". Y yo lo hice.

Entonces, ella hizo algo que ha dejado una huella en mi vida. Me enseñó lo sencilla que puede ser la adoración. Cuando yo le tiré el beso, ella alzó la mano en el aira, como para atraparlo. Entonces, besó mi beso imaginario y se lo comió, permitiendo así que mi beso —mi amor— entrara profundamente en su corazón.

Parece demasiado sencillo, ¿no es así? No sé qué sentirá usted, pero en estos momentos me late el corazón de convicción: "Señor Jesús, devuélvele a mi corazón la sencillez en la adoración. He aprendido a complicar algo que puede ser muy sencillo". Me pregunto cuántas mañanas habrán pasado en las cuales Él se nos ha quedado mirando, en espera de alguna clase de movimiento. Dios viene hasta nosotros, y espera pacientemente. Espera a que nos despertemos, para que le digamos: "Te amo". Espera que besemos su rostro.

Un viaje hacia la verdadera adoración

A lo largo de los últimos diecisiete años, me he hallado en un viaje destinado a aprender todo lo que pueda acerca de lo que es en realidad la adoración genuina. Han sido años llenos de enseñanzas y estudios, en los que también he escuchado las enseñanzas de otros acerca de la adoración. He viajado para asistir a conferencias donde todo el programa había sido desarrollado para aprender acerca de la adoración y lo que significa.

En todo el mundo hay muchas "escuelas de adoración" maravillosas. Por todas partes hay gente con un hambre personal auténtica por aprender cuanto pueda acerca de la adoración. Hay quienes han hecho todos los intentos posibles por describir lo que es, y cómo hacerla de la forma debida. Se han escrito numerosos libros con la adoración como único tema.

Vaya a las conferencias. Lea los libros. Tome páginas y páginas de notas. Escuche las grabaciones. Pero, por favor, nunca pierda nunca la sencillez de enamorarse de Jesús y lanzarle un gran beso. Parece demasiado sencillo —casi absurdo—, pero hágalo de todas formas. ¿Por qué no? Seguramente, ya habrá intentado todo lo demás.

Nunca pierda nunca la sencillez de enamorarse de Jesús y lanzarle un gran beso.

Vamos. Lo reto a dejar el libro un momento para hacer algo que tal vez le parezca absurdo al principio. Llévese una mano a la boca y hágalo: Láncele un gran beso a Jesús. Entonces dígale lo mucho que lo ama. Ahora, si se atrevió a hacerlo ahora mismo, ¿acaso no fue sencillo, tal vez demasiado? Yo creo de veras que el simple hecho de lanzarle un beso a Jesús, realizado de todo corazón, puede ser tan eficaz como mantenerse de pie por horas en un culto, cantando sus cantos de adoración favoritos.

Como ya mencioné, creo que hay muchos en el cuerpo de Cristo que están viviendo tiempos de un hambre personal genuina por Dios, nunca igualados hasta ahora. Yo tengo tanta hambre por recibir más de Dios en mi vida, que no encuentro palabras para explicarlo. No me satisface vivir de los recuerdos de mis experiencias pasadas en cuanto al conocimiento de Él. *¡Tiene que haber más!* Entonces, ¿de qué se trata ese más?

Sencillamente, adorar a Jesús es amarlo

La adoración verdadera es casi imposible de explicar o definir. Este libro *no* tiene el propósito de definirla, porque yo no puedo hacerlo. Oro con la mayor profundidad posible para pedirle a Dios que tome este sencillo libro, que tiene dentro de sí los últimos diecisiete años de mi caminar en la adoración, y lo use para bendecirlo a usted. Le pido a Dios que me use en su vida, aunque tal vez nunca nos hayamos conocido. Mientras escribo, le estoy pidiendo que cree en su corazón un hambre insaciable de Él. Quiero que este libro lo anime a enamorarse nuevamente de Jesús.

En una ocasión, alguien me preguntó: "¿Cómo definiría usted la adoración?"

Esto fue lo que le respondí: "¿Cómo definiría usted el amor?" ¿Qué es el amor? Es algo que sucede en el corazón y crece a diario, y que tiene que ver con esa persona que es tan especial en su vida.

El amor no es un proceso que se va produciendo paso a paso; es como un pozo que tenemos en el corazón y que se va haciendo cada vez más profundo. Es una acción espontánea. Por eso es mejor hablar de "amar", que de "amor". El amor actúa. De una manera muy parecida, es imposible definir la adoración con palabras, porque se trata de una expresión espontánea, dirigida a Aquél a quien nuestro corazón ama profundamente.

La adoración lo tiene que ver *todo* con Jesús. Dios no busca su adoración, sino que lo busca a usted mismo. Él anda buscando verdaderos adoradores. La adoración comienza por el amor de Dios. Cuando nosotros recibimos el amor que Él nos tiene, entonces respondemos a ese amor. No nos ganamos, ni ponemos en marcha ese amor, sino que reaccionamos ante él. Cuando llegamos a estar conscientes de ese amor, le respondemos con nuestra adoración, que en realidad es nuestra vida.

Dios no busca su adoración, sino que lo busca a usted mismo.

Permítame mostrarle lo que quiero decir. En Juan 3:16 tenemos un versículo muy conocido acerca del amor de Dios por nosotros. Nuestra adoración comienza al comprender que "de tal manera amó Dios al mundo, que ha dado a su Hijo unigénito, para que todo aquel que en él cree, no se pierda, mas tenga vida eterna".

En 1 Juan 4:9-10 leemos:

> "En esto se mostró el amor de Dios para con nosotros, en que Dios envió a su Hijo unigénito al mundo, para que vivamos por él. En esto consiste el amor: no en que nosotros hayamos amado a Dios, sino en que él nos amó a nosotros, y envió a su Hijo en propiciación por nuestros pecados."

Si la adoración, y nuestro estilo de vida como adoradores no están construidos sobre unas bases sólidas, nuestro caminar va a ser como montar en una montaña rusa. Un día estamos arriba, por las alturas, y gritando acerca de lo bueno que es Dios. Entonces, antes de que nos demos cuenta, estamos en el punto más alto, mirando hacia abajo, hacia esa primera caída gigantesca, mientras clamamos: "Señor, ¿dónde estás?"

¿Por qué les sucede esto a tantos creyentes? Yo creo que se debe a que hemos insultado a Dios a base de degradar el valioso don de la adoración que Él nos ha dado. En la iglesia, la adoración se ha convertido en algo para llenar un momento dentro del culto, en lugar de ser un estilo de vida.

Usted fue creado para adorar

La adoración no es algo que uno hace; es algo que Dios nos creó para que fuéramos. Dios lo anda buscando a usted, y no a sus cantos de adoración. Quiere que usted mismo sea el canto. Quiere que usted sea la adoración. Es un estilo de vida, y no un momento en el culto del domingo o el miércoles.

He pasado por centenares de letreros de iglesias donde se invita a todos: "Vengan a adorar". La gente llega, pero en realidad, todo lo que hace es escuchar un mensaje. Asiste, pero nunca llega a adorar. He visto también muchos letreros que dicen: "Culto de adoración por la mañana, 11:00 a.m. Culto de adoración por la tarde, 6:00 p.m."

Entonces, ¿dónde está el problema? ¿Por qué son tan pocos los creyentes que comprenden lo que es realmente la adoración genuina? ¿Por qué hay tantos que siguen sintiendo dentro un hambre tan grande por la presencia de Dios?

El problema está en una cierta actitud mental. Por supuesto, no se trata de que tengamos cultos de adoración. Sin embargo, son demasiados los cristianos que tienen fijado el paradigma de que la adoración se produce en un lugar —un edificio llamado *iglesia*—, y en un momento determinado: el domingo. La adoración no es un culto, así como la iglesia no es un edificio. La adoración es un estilo de vida. Repítaselo a sí mismo en voz alta: "Yo soy la iglesia. El culto de adoración es mi propia vida".

La adoración es un estilo de vida. La Iglesia es una persona.

La adoración debe ser más que una simple actividad para llenar el tiempo entre la recogida de la ofrenda y el sermón. No tiene nada de malo que tengamos un orden para nuestros cultos de los domingos. Ahora bien, ¿y si Dios quiere interrumpir nuestro plan con el suyo? ¿Y si pasa por encima de nuestro orden de culto con un mover de su Espíritu? ¿Tendría que recibir un permiso nuestro para hacerlo?

Hay cultos en los cuales las observaciones hechas antes de la ofrenda toman más tiempo que el permitido para que la gente le exprese a Dios lo que tiene en el corazón. Lamentablemente, cuando los corazones se hallan más tocados, detenemos la adoración para decir: "Y ahora, ¿quieren hacer el favor de buscar en sus boletines algunos anuncios de gran importancia?". ¿Nos hemos vuelto tan ciegos al Espíritu de Dios, que hemos llegado a pensar que un buen mensaje puede reemplazar la presencia de Dios en la adoración?

Por todas partes oigo gente perteneciente al cuerpo de Cristo que clama: "Tiene que haber más con respecto a Dios... ¿No es eso?"

Verá. No se trata de que haya otros que estén pidiendo más. Yo mismo estoy preguntando: "Tiene que haber más con respecto a Dios, ¿no es eso? Esto no puede ser todo lo que hay, ¿no es cierto?"

La respuesta es un ¡SÍ! de corazón. En la adoración a Dios hay más que experimentar. Sí, hay más de lo que ya hemos sentido. Mi deseo más sentido es ver que el pueblo de Dios *se convierte* en adoración, en lugar de *tener* un momento para adorar.

Dios busca verdaderos adoradores

En el Antiguo Testamento, era el adorador el que buscaba a Dios. En cambio, en el Nuevo, es Dios quien busca al adorador.

> Mas la hora viene, y ahora es, cuando los verdaderos adoradores adorarán al Padre en espíritu y en verdad; porque también el Padre tales adoradores busca que le adoren.
>
> — JUAN 4:23

¡Qué gran pensamiento! En esta era presente, es Dios Padre quien nos busca a nosotros. El Padre tiene el propósito de buscar a quienes lo adoren en espíritu y verdad. Él no anda buscando nuestra adoración, sino que a través de ella, quiere conseguir eso que quiere: usted mismo.

Así como el propósito del Padre consiste en buscar verdaderos adoradores, el propósito de Jesús al venir a este mundo quedó declarado en Lucas 19:10: "Porque el Hijo del Hombre vino a buscar y a salvar lo que se había perdido".

En Ezequiel 34:16, Dios afirma: "Yo buscaré la perdida, y haré volver al redil la descarriada; vendaré la perniquebrada, y fortaleceré la débil; mas a la engordada y a la fuerte destruiré; las apacentaré con justicia". Ésta fue la búsqueda que llevó a Jesús hasta la misma cruz. De igual forma, el propósito del Padre consiste en buscar verdaderos adoradores, que lo adoren en Espíritu. Y verdad.

Deténgase un instante. "¡Selah!" Piense. Medite en esto por un buen rato. Dios... Padre... el alto y sublime que habita en la eternidad... no sólo lo *busca* a usted, sino que lo *desea*.

Ahora, quiero acabar de ponerlo todo en su lugar. ¿Cuál es la causa de tantos sueños y bendiciones que no se han cumplido? ¿Por qué hay tantos corazones que siguen estando vacíos y destrozados? ¿Cuál es la causa de que haya incontables corazones destrozados entre los ministros? Mire en lo que se ha convertido la adoración, ya haya sido por ignorancia, o sencillamente por desobediencia hacia un Dios amoroso que quiere hacer en nosotros más de cuanto hayamos soñado jamás.

Los Salmos proclaman: "*Dad* a Jehová la gloria debida a su nombre; *adorad* a Jehová en la hermosura de la santidad" (Salmo 29:2, cursiva del autor). El profeta indica: "*¿Robará* el hombre a Dios? Pues vosotros me habéis robado. Y dijisteis: *¿En qué te hemos robado?*" (Malaquías 3:8, cursiva del autor). La profunda verdad de esta revelación resuena con fuerza en la Iglesia de hoy. De la misma forma que Israel le robaba a Dios en los diezmos y las ofrendas, por la razón que sea, nosotros le estamos robando en lo más importante de todo. No le están entregando a Dios lo que Él busca y merece con todo derecho: *Su adoración.*

¿Qué hemos hecho? ¿Nos hemos rebajado tanto, que mordemos la mano que nos alimenta? ¿Pensamos realmente que nos vamos a salir con esta clase de robo? El hombre, cuya vida depende de Dios, y quien recibe de Él todas las cosas, ¿le va a robar ahora?

Nosotros preguntamos: "Señor, ¿qué quieres decir? ¿Cómo te hemos robado? ¿De qué estás hablando? ¿De qué forma te hemos robado? ¡Nosotros no hemos hecho nada malo!" Aprenda esta lección de la vida: Las personas en cuyo corazón hay una motivación errónea, siempre culpan a otros por el estado de su propio corazón. Los que son culpables de robarle, no están dispuestos a confesar su culpa. Le roban a Dios, y después actúan como si no supieran de qué está hablando. Le han robado su honra. Le han robado entrega. Le han robado sus propias personas, y sin embargo, tienen la audacia de preguntarle: "¿En qué te hemos robado?" A la gente es fácil engañarla, pero con Dios nunca lo lograremos.

Si realmente queremos acercarnos a Dios; si nuestra adoración es aceptable para Él, entonces debe revestirse de una manera santa de vivir. La adoración se refiere a Él. Tiene que ver con su presencia. Tiene que ver con su amor por nosotros. Tiene que ver con lo que Él quiere hacer en nosotros y por nosotros. Con su amor, que nos quiere capturar. Entonces, y sólo entonces, le podremos ofrecer una adoración en espíritu y en verdad.

Dios quiere que lo adoremos de todo corazón. No quiere que nos limitemos a cantarle *sobre Él*. Quiere que nuestra adora consista en entregarle el corazón.

A Dios nunca le han impresionado, ni nuestra música, ni nuestras capacidades para tocar un instrumento, ni siquiera el que cantemos acerca de Él. Dios quiere nuestra *adoración;* no nuestros cantos. Quiere nuestros corazones, y no sólo nuestros cantos tan maravillosos. Los domingos por la mañana no podemos expresar nuestra adoración limitándonos a cantar según las letras que van apareciendo en las transparencias, o en las presentaciones con el programa PowerPoint. Lamentablemente, son muchos los que sustituyen la adoración del corazón con una "adoración de transparencias". Piensan que cantando los cantos de otros, van a satisfacer a Dios.

La adoración sólo es un vehículo para llevarnos a la presencia de Dios.

Cantar los cantos de otros sólo debería darnos ánimo para expresar el canto de nuestro propio corazón. La adoración sólo es un vehículo para llevarnos a la presencia de Dios. Tiene que ver con su presencia, que llega y nos toca, mientras Él espera nuestra respuesta. La adoración tiene que ver con el amor a Dios:

> Si yo hablase lenguas humanas y angélicas, y no tengo amor, vengo a ser como metal que resuena, o címbalo que retiñe. Y si tuviese profecía, y entendiese todos los misterios y toda ciencia, y si tuviese toda la fe, de tal manera que trasladase los montes, y no tengo amor, nada soy. Y si repartiese todos mis bienes para dar de comer a los pobres, y si entregase mi cuerpo para ser quemado, y no tengo

amor, de nada me sirve.

— 1 Corintios 13:1-3

La adoración se expresa amando a Dios y a la gente. Los que aman a Dios, pero no aman a la gente, son como un vagón de tren suelo, corriendo colina abajo. Hace mucho ruido, porque dentro no tiene nada.

"Bienvenido a mi presencia"

Hace algunos años estaba ministrando en una iglesia maravillosa de Indiana. Durante el culto de aquella noche, la presencia de Dios me comenzó a tocar profundamente. Sentí la presencia de Dios mientras mi cuerpo comenzaba a temblar. Mientras adorábamos a Dios en aquel culto, le dije: "Es maravilloso estar de nuevo en tu presencia. Señor, te invito para que la manifiestes en este lugar".

El Señor me habló al corazón y me dijo: "No, Sam. Yo soy el que te invito a ti a mi presencia. Te doy la bienvenida a mi presencia".

> La prioridad principal de la adoración es que Él nos invita a su presencia; no que nosotros lo invitemos a Él a la nuestra.

La principal prioridad de la adoración es que Él nos invita a su presencia; no que nosotros lo invitemos a Él a la nuestra. Leemos la invitación que hizo Dios en Éxodo 24:12 (cursiva del autor):

> Entonces Jehová dijo a Moisés: Sube a mí al monte, y espera allá, y te daré tablas de piedra, y la ley, y mandamientos que he escrito para enseñarles.

En Apocalipsis 4:1, Dios nos invita de nuevo a entrar en su presencia (cursiva del autor):

> Después de esto miré, y he aquí una puerta abierta en el cielo; y la primera voz que oí, como de trompeta, hablando conmigo, dijo: *Sube acá, y yo te mostraré las cosas* que sucederán después de estas.

La adoración nos lleva a la comunión con Dios, y la comunión produce revelación. Dios nos toca con su presencia, porque anhela tener comunión con nosotros.

Dios no anda buscando su adoración; lo que quiere es tener comunión con usted. La adoración lo llevará a vivir en comunión con Él. Pero las cosas no terminan allí. Él quiere comunión con usted, porque se le quiere revelar. Nosotros no somos los que iniciamos la adoración; simplemente respondemos a ella.

Usted fue creado para adorar

Usted fue *creado* para adorar, y *llamado* al ministerio. Muchas personas, incluso algunos siervos de Dios, tienen esto al revés. Piensan que fueron creadas para estar en el ministerio, y llamadas a adorar. Esto es un grave error. Lo amamos a Él *por ser quien es*, y no *por lo que haya hecho por nosotros*.

La diferencia entre *adoración* y *ministerio* es simplemente ésta: Ministerio es aquello que desciende a nosotros del Padre por medio de su Hijo. En el poder del Espíritu Santo, el siervo de Dios fluye en la unción, con el propósito de Dios para ese ministerio concreto.

En cambio, adoración es aquello que asciende del creyente por el poder del Espíritu Santo, a través del Hijo, hasta el Padre. El ministerio desciende de Dios a nosotros. La adoración asciende de nosotros a Dios. *Ministerio es lo que hago; adoración es lo que soy.*

Ministerio es lo que hago; adoración es lo que soy.

La cuestión no es si adoramos o no. La cuestión es a quién o qué vamos a adorar. Usted fue creado para adorar, y va a adorar a alguien o algo. Hay quienes adoran a los autos; otros a los deportes, el dinero, el hogar o la profesión. Hasta hay quienes adoran a los predicadores. (Esto sí que no se puede hacer).

¿Qué es adorar en espíritu y verdad?

Jesús afirmó:

> Mas la hora viene, y ahora es, cuando los verdaderos adoradores adorarán al Padre en espíritu y en verdad; porque también el Padre tales adoradores busca que le adoren.
>
> — JUAN 4:23, CURSIVA DEL AUTOR

Tal vez usted se esté preguntando: ¿Es posible que alguien se acerque a Dios sólo con una adoración externa?

La Palabra de Dios responde a esa pregunta en Isaías 29:13:

> Dice, pues, el Señor: Porque este pueblo se acerca a mí con su boca, y con sus labios me honra, pero su corazón está lejos de mí, y su temor de mí no es más que un mandamiento de hombres que les ha sido enseñado...

La forma en que usted llega a la adoración es tan importante como su adoración en sí. Su estado espiritual es un factor de importancia en cuanto a que su adoración sea aceptable o no lo sea. Lea lo que dice Dios a través de su profeta Ezequiel: "Y vendrán a ti como viene el pueblo, y estarán delante de ti como pueblo mío, y oirán tus palabras, y no las pondrán por obra; antes hacen halagos con sus bocas, y el corazón de ellos anda en pos de su avaricia." (Ezequiel 33:31).

Lo mejor que podríamos hacer, es permitir que el bisturí de Dios nos cortara un poco más profundo para sacar de nuestro corazón todo aquello que no sea de Él. Es posible cantar cantos, tener grandes melodías, cantar himnos, e incluso expresar las palabras más maravillosas en la adoración, y sin embargo, no alcanzar el oído ni el corazón de Dios. El valor de la adoración está determinado por la sinceridad del adorador.

El valor de la adoración está determinado por la sinceridad del adorador.

Debemos adorar en espíritu.

"Dios es Espíritu; y los que le adoran, en espíritu y en verdad *es necesario que adoren*" (Juan 4:24, cursiva del autor). Jesús dejó establecido que este tipo de adoración es el único aceptable. Dios no acepta ningún otro. Es el Espíritu Santo el que impulsa, guía y llena de poder este tipo de adoración. La adoración en espíritu es una adoración con la Palabra de Dios en nuestras manos y el Espíritu de Dios en nuestro corazón.

Observe el orden en el que insiste Jesús como la clase correcta de adoración. El Padre está buscando quienes le quieran adorar, primero "en espíritu"; segundo, "en verdad".

La sinceridad de la adoración tiene prioridad sobre el método que usemos para adorar. Lo cierto es que nuestra adoración, no sólo debe ser guiada por las verdades de la Palabra de Dios, sino que también debe ser presentada de una forma veraz y sincera. Sólo una pequeña nota para que lo recuerde: Dios está buscando *quienes le adoren*; no *adoración*.

Dios detesta la hipocresía.

La *hipocresía* consiste en "fingir que somos lo que no tenemos intención de ser". La palabra *sincero* significa "que no tiene cera". Dicho en la terminología de hoy, "la adoración falsa, de plástico, hace que Dios se sienta enfermo del estómago". Perdone que sea tan brutalmente sincero, pero Jesús también hizo algunas afirmaciones brutalmente sinceras, como ésta: "Id, pues, y aprended lo que significa: *Misericordia quiero, y no sacrificio*. Porque no he venido a llamar a justos, sino a pecadores, al arrepentimiento" (Mateo 9:13, cursiva del autor).

Dios vino a abolir todas las formas de adoración que estén vacías de significado y de vida. Estaba echando abajo la cubierta de la adoración, a favor del corazón de la misma.

> Porque misericordia quiero, y no sacrificio, y conocimiento
> de Dios más que holocaustos.
>
> — OSEAS 6:6

Dios quiere verdad: una adoración genuina que proceda de

unos corazones también genuinos. Me pregunto qué ve Él cuando mira desde los cielos y ve a su Iglesia. ¿Somos culpables de fingir que adoramos? Los versículos siguientes muestran cómo ve Dios a una iglesia que tenga sólo un poco menos de sinceridad de lo debido en su adoración.

> Aborrecí, abominé vuestras solemnidades, y no me complaceré en vuestras asambleas. Y si me ofreciereis vuestros holocaustos y vuestras ofrendas, no los recibiré, ni miraré a las ofrendas de paz de vuestros animales engordados. Quita de mí la multitud de tus cantares, pues no escucharé las salmodias de tus instrumentos. Pero corra el juicio como las aguas, y la justicia como impetuoso arroyo.
>
> — AMÓS 5:21-24

Dios mira para ver si el estilo de lo que sale de nuestra boca respalda nuestro estilo de vida. Busca la falta de coincidencia entre ambas cosas. Esto es lo que David tenía en mente cuando dijo: "He aquí, tú amas la verdad en lo íntimo" (Salmo 51:6).

Para que nuestra adoración sea espiritual y sincera, debemos permitir que Dios obre en nuestro corazón. Tenemos que evitar todo lo que sea engaño, hipocresía y actitudes fingidas, plásticas. La sinceridad transparente es lo que Él anda buscando. Son las manos limpias y la pureza de corazón las que deleitan a Dios.

Lo invito ahora mismo para que comience a adorar a Dios en espíritu y en verdad. Permita que el Espíritu Santo llene de poder su adoración, de manera que usted mismo se convierta en adoración: desbordante de alabanza, canto, adoración y amor. Vuélvase transparente en su adoración. Deje que la verdad revele su ser interior. Arránquese las máscaras y fachadas, de manera que su verdadero ser adore al Dios de la verdad. En espíritu y en verdad, su adoración lo llevará entonces a la presencia de Dios, y podrá besar su rostro.

Para besar el rostro de Dios...

1. Ame a Jesús puramente, y de todo corazón.
2. Láncele a Dios un beso de amor.
3. En lugar de limitarse a *ir* a la adoración, *vuélvase* adoración.
4. Deje que todo su ser se convierta en los instrumentos y los cantos de la adoración.
5. Escuche la invitación que le hace Dios: "Sube a mí".
6. Acepte su ministerio como su llamado; celebre la adoración como el propósito para el que fue creado.
7. Invite al Espíritu Santo para que llene de poder su adoración.
8. Vuélvase transparente y totalmente veraz en su adoración.

Capítulo 4

Sediento del agua viva

La adoración aumenta nuestra sed del agua viva. Son muchos los que acuden a adorar en la esperanza de saciar su sed. Pero no hay culto, mensaje ni música que pueda satisfacer de verdad nuestra profunda sed por el Dios viviente.

Cuando estoy de viaje, echo mucho de menos a mi familia. De hecho, me llevo fotografías de ellos en mi Biblia, para poderlos mirara cada vez que quiera, y orar por ellos. Pero mirar esas fotos nunca satisface mi deseo de estar con ello. En realidad, lo que sucede es lo contrario. Las fotos de mi familia aumentan mi sed y mi anhelo por estar con ellos. Al mirarlas, me vienen a la mente maravillosos recuerdos del pasado, y la sed por crear nuevos recuerdos con ellos tan pronto como me apresure a llegar a casa.

La adoración es así. Cuando cantamos himnos y coros que nos son familiares, cuando escuchamos la Palabra de Dios y participamos de la comunión, cuando confraternizamos con el pueblo de Dios, nos vienen a la mente maravillosos recuerdos de su presencia. La adoración evoca las imágenes del pasado que han quedado grabadas para la eternidad en nuestro corazón. Recordamos los maravillosos momentos que hemos pasado en la presencia de Dios. Y sentimos hambre y sed por recibir más de Dios.

Nacidos del agua y del Espíritu

Hemos nacido del agua. Sin ella, morimos, tanto física como espiritualmente. De la misma forma que un manantial de agua nos puede refrescar físicamente, el pozo de la adoración puede agitar los ríos de agua viva que llevamos dentro. Jesús enseñó diciendo: "De cierto, de cierto te digo, que el que no naciere de agua y del Espíritu, no puede entrar en el reino de Dios" (Juan 3:5). El agua viva de la que nacimos, también fluye dentro de nosotros: "Mas el que bebiere del agua que yo le daré, no tendrá sed jamás; sino que el agua que yo le daré será en él una fuente de agua que salte para vida eterna" (Juan 4:14).

En Juan 3, Jesús estaba hablando con un fariseo llamado Nicodemo. Era gobernante entre los judíos; un hombre moral y recto que había conocido la ley de Dios, pero que ahora experimentaría más que la simple letra de la Ley. Encontraría el amor de Dios. Yo creo que este hombre tenía hambre por recibir de Dios más que aquello que le había enseñado la Ley.

Jesús se le confió a este hombre, y le dijo: "El que no naciere de agua y del Espíritu, no puede entrar en el reino de Dios". El agua es una referencia al bautismo y al arrepentimiento de las obras muertas en los que había insistido Juan el Bautista mientras predicaba en el desierto. Jesús le añadió este elemento muy importante en la salvación: "y del Espíritu". Si Nicodemo pensaba que la salvación venía sólo por el agua, estaba a punto de descubrir que también tenía que nacer del Espíritu. El poder y la vida del Espíritu Santo son los que cambian los corazones y nos dan entrada a la presencia de Dios.

Cuando usted nació de nuevo y recibió a Jesús como Salvador, esta agua viva llenó su ser interior. Sin embargo, no brota como fuente de aguas vivas hasta que adore. Si el agua no se mueve, por buena que sea se estanca y se echa a perder. La adoración hace que se mueva el agua en nuestro espíritu. Las aguas quietas se convierten en una fuente que brota hasta la vida eterna cuando se produce la adoración. Por eso Jesús afirma: "Mas el que bebiere del agua que yo le daré, no tendrá sed jamás; sino que el agua que yo le daré será *en él una fuente de agua que salte* para vida eterna" (Juan 4:14, cursiva del autor).

Sacaréis con gozo aguas de las fuentes de la salvación.
— ISAÍAS 12:3

Los pozos no son ni arroyos ni corrientes, que se puedan secar con facilidad a causa del calor y la evaporación. Son depósitos profundamente situados bajo tierra. Los pozos de la salvación son como fuentes de las que siempre fluye agua en nuestro interior. Cuando la liberamos, fluye desde nosotros como un río.

En las Escrituras, sólo leemos que Jesús ofreciera aguas vivas unas pocas veces. Uno de los ejemplos se halla en Juan 4, donde le ofreció agua viva a la mujer que estaba junto al pozo. En Juan 7 lo hallamos asistiendo a la celebración de la fiesta de los Tabernáculos junto con la multitud reunida en Jerusalén. En el último día de celebración de la fiesta, los sacerdotes levíticos iban a buscar agua en una jarra de oro a la fuente de Siloé. Mezclaban vino con el agua, y después derramaban la mezcla sobre el sacrificio que había en el altar. Se derramaba agua hasta de ocho jarras sobre el sacrificio, de manera que comenzaba a correr por la escalinata del templo.

En aquel día final y culminante de la fiesta de los Tabernáculos, Jesús le ofreció agua al pueblo sediento que se había reunido allí.

En el último y gran día de la fiesta, Jesús se puso en pie y alzó la voz, diciendo: Si alguno tiene sed, venga a mí y beba. El que cree en mí, como dice la Escritura, *de su interior correrán ríos de agua viva.*
— JUAN 7:37-38, CURSIVA DEL AUTOR

Antes de que pueda fluir del corazón el agua viva como un río, tiene que haber arrepentimiento. "Y se reunieron en Mizpa, y sacaron agua, y la derramaron delante de Jehová, y ayunaron aquel día, y dijeron allí: Contra Jehová hemos pecado. Y juzgó Samuel a los hijos de Israel en Mizpa." (1 Samuel 7:6).

¿Siente sed en su espíritu porque desea más de Él? Si así es, todo debe comenzar con el arrepentimiento del pecado. Si tiene sed por tener más de su presencia en su vida, no le es suficiente con acudir a Jesús. Recuerdo cuando era niño e iba a la escuela. Durante los recreos o la clase de educación física, salíamos a jugar, a correr y hacer toda clase de cosas divertidas, y me entraba una gran sed. Imagíneme corriendo a la fuente del agua y quedándome delante de ella. Mirarla no me habría hecho bien alguno. No basta con mirar la fuente, porque el propósito es llegar y beber.

Acercarse a Jesús e ir al altar es una buena forma de comenzar, pero eso no va a satisfacer la profunda sed de Él que lleva dentro. No basta con quedarnos satisfechos porque sentimos su presencia cerca de nosotros. Tenemos que beber de su agua viva. Jesús lo dijo de esta forma: "Si alguno tiene sed, venga a mí y beba" (Juan 7:37).

Es necesario beber, recibir y tomar el agua que Él ofrece, para quedar realmente satisfecho.

No basta con quedarse de pie delante de la fuente de agua para satisfacer la necesidad. Es necesario beber, recibir y tomar el agua que Él ofrece, para quedar realmente satisfecho. Son demasiados los creyentes que se quedan satisfechos porque han estado en un buen culto, y se pasan la vida bebiendo de los pozos de otros. Se satisfacen con lo suficiente de la presencia de Dios para llegar al cielo. Beber agua de los pozos de todo el mundo y asistir a un buen culto no son cosas que vayan a satisfacer el profundo anhelo de Dios que tiene su espíritu. Es necesario que venga y *beba* la presencia de Dios para quedar satisfecho por dentro.

Cuando nos reunimos para adorar, ésa es la razón por la que estamos allí: para beber agua viva.

> Porque por un solo Espíritu fuimos todos bautizados en un cuerpo, sean judíos o griegos, sean esclavos o libres; y a todos se nos dio a beber de un mismo Espíritu.
>
> — 1 Corintios 12:13

¿Aún no siente sed? Entonces, ya la tendrá.

Una mujer sedienta junto al pozo

La historia de mi vida tiene su paralelo en la de Juan 4. El Señor comenzó a tocarme el corazón en 1986 con el increíble mensaje que contiene este capítulo. Han pasado dieciséis años, y me sigue hablando hoy lo mismo que lo hacía entonces. Cada vez que necesito un poco de aliento, leo de nuevo esta maravillosa verdad acerca de la forma en que Jesús transformó la vida de una mujer enseñándole a adorar. En mi libro *Changed in His Presence* compartí parte de mi peregrinar hacia la adoración, pero Dios me ha revelado tantas cosas más desde entonces, que me sentí obligado a compartir con usted de nuevo las verdades de Juan 4.

Aquí sentado, preparándome para escribir estas revelaciones, siento la presencia del Señor. Con la ayuda del Espíritu Santo, creo que Él quiere que recorra con usted este transformador capítulo del evangelio de Juan. Permítame hacer con usted un recorrido por el encuentro entre esta mujer y Jesús, y veamos lo que hace el Espíritu Santo.

Oremos para comenzar:

> *Maravilloso Espíritu Santo, tú eres el gran maestro de la Iglesia. Abre nuestro corazón y danos un hambre de ti mayor que cuanto hayamos experimentado jamás. Haz que tu presencia aquí con nosotros nos rodee por todas partes. Toca nuestra vida con esa presencia. Ábrenos los ojos a la verdad de la Palabra de Dios que hay en nuestros corazones. Ábrenos los oídos para que oigamos con claridad tu silbo apacible. Ábrenos el corazón para que recibamos de ti, maravilloso Espíritu Santo, de tal manera que nuestra vida quede transformada para siempre. Haz real a Jesús, y cámbianos cada vez más a su imagen, para la gloria de Dios. En el nombre de Jesús, amén.*

En Juan 4, Jesús estableció una relación con la mujer samaritana para que nosotros pudiéramos comprender que cuanto Él hizo por ella, lo hará también por nosotros.

Dios trata a cada persona como alguien único, digno de Su tiempo y de Su atención.

Dios trata a cada persona como alguien único, digno de su tiempo y de su atención.

> Jehová el Señor me dio
> lengua de sabios,
> para saber hablar palabras al cansado;
> despertará mañana tras mañana,
> despertará mi oído
> para que oiga como los sabios.
>
> — Isaías 50:4

¿Por qué es importante este versículo? Observe que este versículo de Isaías nos habla de la forma en que Dios valora a cada persona. Pronuncia sus palabras en el momento en que la persona más necesita oír de Él. Eso es exactamente lo que hizo en Juan 4. Hizo que una mujer de vida inmoral se enfrentara consigo misma, revelándole que su vida iba en una dirección equivocada.

¿Le parece familiar su forma de relacionarse con ella? A mí sí. ¿Dónde estaríamos sin esos momentos en los cuales Jesús tiene un encuentro —personal— con nosotros y nos dice lo que necesitamos oír? Dios tuvo una palabra oportuna para una mujer cansada. Por eso dijo:

> Venid a mí todos los que estáis trabajados y cargados, y yo os haré descansar.
>
> — Mateo 11:28

En aquel día tan importante cuya memoria aparece en Juan 4, Jesús había salido de Judea, con rumbo a Galilea. Evitando el camino que daba la vuelta para no pasar por Samaria, se propuso viajar atravesando esa zona. Las Escrituras dicen: "Y le era *necesario* pasar por Samaria" (Juan 4:4, cursiva del autor). De camino hacia Galilea, el Padre quería que le ministrara a aquella mujer. Estaba sedienta; era una proscrita y estaba llena de heridas. Se llegó a aquel pozo situado fuera de los muros de la ciudad en pleno mediodía, con la esperanza de que no hubiera nadie allí. Pensaba que aquel día sería otro día más junto al pozo, tratando de satisfacer su sed. Pero Alguien la estaba esperando. Aquel día iba a ser diferente a todos los demás, porque su sed estaba a punto de cambiar. Ya no trataría de satisfacer su sed más profunda con el agua física. Aquel día, esa sed más profunda —la sed por un amor que durara para siempre— sería saciada con agua viva. Dios tenía una palabra oportuna para ella.

¿Cuál era el problema de Samaria?

Para los fariseos religiosos, ser samaritano era lo mismo que ser un pagano lleno de demonios. Hubo ocasiones en que acusaron a Jesús de eso mismo: "Respondieron entonces los judíos, y le dijeron: ¿No decimos bien nosotros, que tú eres samaritano, y que tienes demonio?" (Juan 8:48). En aquellos tiempos, también se les llamaba *cerdos* a los samaritanos. Eran los olvidados, heridos y detestados. En otras palabras, eran candidatos de primera para un Salvador amoroso. Jesús creía que ellos eran los que necesitaban lo que Él estaba ofreciendo.

Ahora que comprendemos la actitud de los judíos religiosos hacia los samaritanos, observemos de cerca lo que hizo Jesús.

> Vino, pues [Jesús], a una ciudad de Samaria llamada Sicar, junto a la heredad que Jacob dio a su hijo José. Y estaba allí el pozo de Jacob. Entonces Jesús, cansado del camino, se sentó así junto al pozo. Era como la hora sexta.
>
> — JUAN 4:5-6

Los pozos de otros no pueden saciar.

Es importante observar que Jesús estaba sentado junto al pozo de Jacob. A ese pozo iba la mujer samaritana todos los días en su esfuerzo por saciar su profunda sed. Nos podemos imaginar que mientras caminaba pesadamente el kilómetro que había del poblado al pozo, anhelaba tener un encuentro con Dios, como el que había tenido Jacob, y ver su sed saciada por Dios, como había satisfecho a Jacob (vea Génesis 32:22-32). Tal vez esperara que de alguna manera, el agua de su pozo pudiera saciar su sed.

Pero heredar un pozo de nuestros padres espirituales no puede saciar. Podemos honrar el pozo, hablar bien de él y recordar cómo nuestros padres nos bendijeron con él, pero no va a satisfacer nuestras necesidades. Tenemos que cavar nuestro propio pozo a base de experimentar por nosotros mismos la presencia de Dios.

Al sentarse junto al pozo, Jesús se convierte en su tapa; el cierre de un pozo que ya no puede saciar. Con su presencia allí, le declara proféticamente a la mujer: "Este pozo, del cual tú estás tan acostumbrada a sacar agua, ya no te va a saciar". A pesar de lo acostumbrada que estaba a acudir a aquel pozo, estaba a punto de regresar a su casa con una fuente de agua viva en lo profundo de su ser. Había llegado con un cántaro para recoger agua, pero ahora se iría para su casa con un pozo de agua viva. Hay seis palabras que cuentan para siempre lo sucedido: "Entonces la mujer dejó su cántaro" (v. 28).

Dios es su fuente.

Jesús y la mujer samaritana estaban solos junto al pozo. Ella había llegado sola. ¿Dónde estaban todos sus amigos? Había estado casada cinco veces, y estaba viviendo con un sexto hombre. No sólo era una samaritana, despreciada por los judíos, sino que es probable que fuera también despreciada por los suyos.

¿Ha notado que en los momentos en que está solo es cuando está más consciente del vacío que lleva dentro? No hay nadie allí que lo sugestione, lo unja con aceite o profetice sobre usted. Entonces es cuando usted tiene que reconocer a Dios como su única fuente.

Nunca ponga toda su esperanza en una persona, un lugar, o incluso una buena iglesia o un buen pastor. Hay muchos pastores, líderes e iglesias que son maravillosos. Yo creo que el pueblo de Dios está hambriento de que haya un cambio real. Pero Dios es su única fuente.

El que alguien predique un mensaje "alentador" no lo va a transformar. El que le griten al predicador, diciéndole: "Predique, hermano. Dígalo como lo siente", no lo va a cambiar. Los buenos programas en las iglesias no están mal. Hace falta una buena predicación. Pero todo se reduce a lo que sucede entre usted y Él. Sin la presencia de Jesús, ninguna de estas cosas lo va a saciar. El pastor no ha sido llamado a alentarlo. La responsabilidad del que dirige la adoración no consiste en motivarlo ni inspirarlo. Estos dones de ministerio lo podrán exhortar y motivar, pero no lo pueden transformar. Los grandes mensajes y la música maravillosa se van con tanta rapidez como llegaron, si la presencia del Señor no está allí. Sólo Dios nos puede dar alientos cuando se convierte en nuestra única fuente.

Así que ésta es nuestra escena: "Vino una mujer de Samaria a sacar agua; y Jesús le dijo: Dame de beber" (v. 7).

Jesús viene a nosotros

Vacía, sedienta y desolada, acude sola al pozo, y Jesús habla con ella. Lo primero que necesitamos observar acerca de Jesús, es que no hizo que se fuera. Había llegado desde Judea para hablarle. No la ignoró, sino que se puso a su disposición.

Jesús se pone a la disposición de usted en la adoración.. Se ha puesto a su disposición, enviándole el Espíritu Santo. Esto es lo que le está diciendo: "Estoy a la diestra del Padre. Estoy intercediendo por ti. Te he enviado mi Espíritu Santo". Se halla a su disposición por medio de su Espíritu Santo para consolarlo y caminar junto a usted. Está en usted, y con usted. El Espíritu Santo está siempre presente. Cuando beba del pozo que ya no lo sacia, sepa que Él está a su disposición. Si se siente desechado, aislado y solo, Jesús se pone a su disposición ahora mismo. Es posible que se sienta exactamente como se sentía aquella mujer: vacío, sediento y desolado. Jesús quiere llenar su pozo con el agua viva de Él. Entréguele su vida, y Él la llenará.

> Si usted se ha sentido desechado, aislado y solo, Jesús se pone a su disposición ahora mismo.

¿Qué ha hecho usted en esta semana que impida que Él se encuentre a su disposición? ¡Nada! Vea: usted no puede hacer nada que impida que Él lo siga amando. Cuando usted estaba aún en pecado, Él ya lo amaba.

La adoración comienza con la comprensión de que "de tal

manera amó Dios... que ha dado a su Hijo unigénito" (Juan 3:16). La adoración comienza con el amor de Dios. Cuando recibimos ese amor, reaccionamos ante él. No es nuestro propio esfuerzo el que tiene la iniciativa en nuestra adoración; es una respuesta ante el amor de Dios. Pablo escribió:

> Mas Dios muestra su amor para con nosotros, en que siendo aún pecadores, Cristo murió por nosotros. Pues mucho más, estando ya justificados en su sangre, por él seremos salvos de la ira.
>
> — ROMANOS 5:8-9

Jesús lo ama. Usted no puede hacer nada para lograr que Él deje de amarlo. Aquella mujer samaritana no pudo hacer nada para aislarse de Dios, porque Él siempre está a nuestra disposición. Mientras usted tenga aliento, Él seguirá disponible. Jesús murió por usted en la cruz, y derramó su sangre por sus pecados, y no hay forma de que lo vaya a rechazar. Él ya pagó el precio por usted, dando su propia vida. Él es *Jehová-Sama*, el Dios "que está allí".

Jesús lo invita a pedirle el agua viva. En Juan 4:7, le pidió agua a la samaritana. Ella le respondió: "¿Cómo tú... me pides a mí de beber?"

Él le dijo entonces: "Si conocieras el don de Dios, y quién es el que te dice: Dame de beber; tú le pedirías, y él te daría agua viva" (v. 10). ¿Qué tenía que hacer ella para conseguir el agua viva? Sólo pedírsela.

No le pidió que se volviera religiosa antes de que Él pudiera transformar su vida. Sin embargo, hay gente que cuando se les da la oportunidad de aceptar el agua viva que ofrece Jesús, dice cosas como éstas: "Bueno, primero me voy a purificar", o "Me voy a poner un buen traje para asistir esta mañana a la iglesia". Eso no es lo que Dios anda buscando. La Biblia dice: "Jehová no mira lo que mira el hombre; pues el hombre mira lo que está delante de sus ojos, pero Jehová mira el corazón" (1 Samuel 16:7).

Todo lo que ella tenía que hacer, era *pedírsela*. También, todo lo que usted tiene que hacer es pedírsela. ¿Qué impide que lo haga?

- *¿La culpa?* "Me siento demasiado culpable para

pedirle que me llene y me transforme."

- *¿Las heridas?* "Estoy demasiado herido para pedir. No estoy seguro de que Él comprenda por lo que yo estoy pasando."
- *¿La vergüenza?* "Estoy demasiado avergonzado de mi pasado."
- *¿El temor?* "Tengo miedo de que Dios no me quiera recibir."

Entonces, ¿qué impedía que la mujer samaritana le pidiera el agua viva? ¿Qué impide que usted lo haga? Lo cierto es que no se trata de la culpa, aunque usted se sienta culpable. Tampoco son las heridas las que lo hieren, aunque haya experimentado algunas. No es la vergüenza, aunque se sienta tan mal por algunas de las cosas que ha hecho. Ni siquiera es el temor. ¡Es el orgullo! Tal vez usted sea demasiado orgulloso para pedir.

Jesús la hizo salir de su culpa, sus heridas, su vergüenza y su temor, poniendo el dedo en las cuestiones más profundas de su pasado. Después la lavó con agua pura. La culpa, las heridas, la vergüenza y el temor lo van a mantener atrapado en una celda en la que se va a sentir indigno del amor incondicional de Dios. Esas cosas hacen que creamos la mentira de que Dios nos ha abandonado. Pero Él no lo ha abandonado. Lo que le ha prometido es esto:

> Porque él dijo: No te desampararé, ni te dejaré.
>
> — HEBREOS 13:5

Cuando la mujer samaritana se encontró con Jesús en el pozo de Jacob, comenzó una conversación con Él. Lo primero que hizo Jesús fue ministrarle a su espíritu. No le ofreció agua, sino "agua viva".

> Respondió Jesús y le dijo: Si conocieras el don de Dios, y quién es el que te dice: Dame de beber; tú le pedirías, y él te daría *agua viva.*
>
> — JUAN 4:10, CURSIVA DEL AUTOR

El verbo griego del que se deriva la forma traducida aquí como "viva" (*zao*), significa disfrutara de una vida real, tener poder vital y ser agua potable. Lo primero a lo que Dios le va a dar vida, es su hombre espiritual. Quiere tocarlo, porque en la carne no hay nada que pueda satisfacer las profundas necesidades de su corazón. Sólo el Espíritu de Dios puede satisfacer.

Así como el pozo de Jacob no podía saciar la sed que tenía aquella mujer samaritana en el alma, tampoco los pozos de este mundo sacian nuestra alma. Pero el toque del Espíritu va mucho más allá de las partes físicas o emocionales de su ser. Va muy profundo, hasta el centro mismo de toda cuestión. Jesús quiere quitar esas cosas que están cegando su pozo. Toda esta labor con el corazón es una preparación para que las aguas del pozo puedan saltar dentro de usted, y nunca se seque.

El toque del Espíritu va mucho más allá de las partes físicas o emocionales de su ser. Va muy profundo, hasta el centro mismo de toda cuestión.

¿Qué importancia tiene el pozo que hay dentro de usted? Después de haber sido sanado, y haber caminado en la salud divina, su cuerpo físico va a morir un día de todas formas. Después de haber experimentado todas las emociones fuertes posibles en el alma, esos sentimientos van a cesar. Sólo su hombre espiritual va a vivir por siempre, y allí es donde está el pozo. Esa fuente de agua viva nunca se va a secar. Su espíritu lo va a adorar a Él para siempre.

Jesús le ministra al corazón

La percepción de la mujer acerca de Jesús se fue haciendo más profunda a medida que pasaba tiempo con Él. Observe la sucesión de sus saludos.

1. Su primer saludo es *Señor*, en un sentido general: "La mujer le dijo: *Señor...*" (Juan 4:11).

2. En su segundo saludo, lo llama *profeta*: "Señor, me parece que tú eres *profeta*" (Juan 4:19).

3. En su tercer saludo, habla ya del *Cristo*: "¿No será éste el *Cristo*?" (Juan 4:29).

Al principio, Jesús se puso a la disposición de ella y le ministró al espíritu. Después comenzó a obrar con las cuestiones que ocupaban su corazón. Cuando el Señor quiere obrar en uno, comienza desde el interior hacia fuera. Los cambios verdaderos y perdurables siempre comienzan dentro, y no fuera. No importa el aspecto exterior que tenga usted. Nunca se podrá purificar lo suficiente para tener un buen aspecto por dentro.

Jesús le dice: "Mujer, has estado acudiendo a este pozo, pero no te sacia. Has venido hasta el pozo, pero yo te envío a casa con el manantial dentro de ti". Entonces le describe las características del agua viva que tiene para ella. En sus palabras podemos identificar varias características.

> Mas el que bebiere del agua que yo le daré, no tendrá sed jamás; sino que el agua que yo le daré será en él una fuente de agua que salte para vida eterna.
>
> — Juan 4:14

Veamos con mayor detenimiento estas características del agua viva. Observe lo que Jesús le dice a la mujer:

- *"El agua que yo le daré"* — No son las aguas de los hombres, el ministerio, ni siquiera las aguas del avivamiento. La mayor característica de esta agua, es que se trata del agua de Jesús. No tiene una etiqueta que diga: "De la fuente de Ponce de León", "Tomada de los arroyos de Cristal", o alguna otra etiqueta elegante. Su etiqueta dice: "De la fuente de Jesucristo". Si tiene sed, deje de andar corriendo tras los siervos de Dios y venga a Jesús, que es el único que le puede dar agua viva.

- *"No tendrá sed jamás"* — Esta agua viva sacia. Ya no tendrá que seguir corriendo de un culto a otro; de una conferencia a otra.

- *"Será en él"* — Ya no tendrá necesidad de sentir alguna manifestación externa. La manifestación de esta agua se halla dentro de usted.
- *"Una fuente de agua"* — Es una fuente sin fin; una fuente constante dentro de usted.
- *"Que salte"* — Esta fuente de agua va a burbujear, como los manantiales. No se trata de un charco de aguas estancadas, sino de una fuente siempre viva. Es una fuente que no conoce "estación de baja".
- *"Para vida eterna"* — No nos abastece sólo por unos momentos; no es algo temporal. Esta agua dura para siempre. Es eterna, y seguirá viviendo dentro de usted por siempre.

Éste es el problema que tenía la samaritana. Ella pensaba que todo lo que necesitaba era agua. Día tras día, salía con esfuerzo hasta el pozo a fin de conseguir el agua que necesitaba para sostener su vida ese día. Si conseguía agua, quedarían satisfechas todas sus necesidades. Es lo que necesitaba, y lo necesitaba a diario. Pero Jesús le estaba ofreciendo "agua viva". No comprendía lo que le estaba ofreciendo. Pensaba que, en el mejor de los casos, le ahorraría el viaje que tenía que dar al pozo todos los días. Por eso le dijo: "Dame esa agua, para que no tenga yo sed, ni venga aquí a sacarla" (v. 15). No podía entender que Jesús le estaba ofreciendo un agua viva que saciaría no sólo su sed física, sino también la sed de su alma.

Jesús exige responsabilidad

Por fin le pidió lo que Él le estaba ofreciendo. Pero había unas cuantas cuestiones de responsabilidad que había que resolver. Antes de que pudiera fluir el agua viva, el arrepentimiento tenía que purificar por completo el pozo que aquella mujer tenía en lo profundo de su interior. "Jesús le dijo: Ve, llama a tu marido, y ven acá" (v. 16).

Él sabía que aquella orden abriría la cuestión más sensible que tenía ella en el corazón. La amaba lo suficiente para enfrentarla con su verdad, porque Él era el que decía: "Yo soy el camino, y la verdad, y la vida" (Juan 14:6). Conocerás la verdad, y el conocimiento de esa verdad te va a hacer libre. No es la verdad solamente la que te hace libre, sino el conocimiento de esa verdad.

La razón por la que aquella mujer se encontraba en ese estado, era porque no estaba satisfecha en su corazón. Jesús fue certero al hablarle de la sed. Tenía sed de algo real. Se había entregado a la promiscuidad sexual para saciar el hambre que tenía en el corazón. Al igual que esta mujer, son demasiados los que están buscando el amor en lugares equivocados: relaciones inmorales, pornografía, drogas, crimen e incluso religión.

Ningún hombre podía saciar sus profundas necesidades espirituales. Mujer, no hay hombre sobre este planeta que pueda satisfacer las profundas necesidades de su espíritu. Hombre, por favor no se sienta ofendido, pero no hay mujer alguna que pueda satisfacer sus profundas necesidades espirituales. El único que puede satisfacer es Jesús, y sólo Él.

¿Por qué odiaban los fariseos y saduceos a Jesús? No era porque los retara con la Ley. Tampoco porque sanara a los enfermos, o porque las multitudes lo siguieran. No era por sus milagros, señales y prodigios. Odiaban la verdad, y todo lo que Jesús encarnaba era verdadero y real. Él era la verdad. Cada vez que estaba con ellos, la *verdad* estaba allí, y se veían tal y como eran en realidad.

Lo mismo le sucedía a aquella mujer samaritana. Cuando estaba ante Jesús, se vio tal y como era en realidad. Dios no pone al descubierto nuestros pecados para condenarnos. Su propósito al hacerlo es purificar nuestra vida y librarnos de nuestra esclavitud al pecado. Por esa razón nos hace enfrentarnos con lo que somos en realidad.

Jesús conocía la verdad de la vida de ella.

> Respondió la mujer y dijo: No tengo marido. Jesús le dijo: Bien has dicho: No tengo marido; porque cinco maridos has tenido, y el que ahora tienes no es tu marido; esto has dicho con verdad.
>
> — Juan 4:17-18

¿Cómo sabía Jesús lo de su marido? Le estaba revelando algo que todos debemos comprender: "Mujer, lo sé todo con respecto a tu persona".

Mire: Jesús lo conoce a usted. Lo sabe todo acerca de usted. Y lo sabe todo acerca de mí.

Por eso lo amo tanto: porque lo sabe todo acerca de mí. Eso hace mucho más fácil mi relación con Él. No le puedo esconder nada. Si le ministra en las cuestiones más profundas del corazón, es porque lo sabe todo acerca de usted.

Jesús nos hace responsables por nuestra vida. En la Iglesia hay muchos creyentes que se parecen a esta mujer. No; no se han casado cinco veces, aunque es posible que algunos hayan estado muy cerca de hacerlo. Aman a Dios, y asisten fielmente a la iglesia, pero viven para satisfacer los cinco sentidos naturales. Vive para lo que ven, oyen gustan, huelen y palpan. ¿Vive usted tratando de satisfacer esos cinco sentidos naturales? Entonces está tratando de saciar los anhelos de su espíritu con cosas externas.

Es muy evidente en el relato de Juan 4 que la mujer samaritana no había podido satisfacer los anhelos de su alma; ni siquiera con cinco maridos. Había estado corriendo de un marido a otro. Como ella, en la Iglesia hay quienes corren de iglesia en iglesia como peces que saltan de un tanque a otro. Corren de un culto a otro. Piensan: *¿Quién es el pastor nuevo en el barrio? Tienen un buen culto allí. En esta iglesia la gente se cae muy bien. Allá se cae al suelo la gente durante el culto.*

Deje de andar corriendo de marido en marido... de iglesia en iglesia... de cosa en cosa, y corra hacia Jesús. Él es el único que puede alimentar a su hombre interior, a su verdadero yo.

En este momento, tengo unas palabras para los que están en el ministerio, o aspiran a estarlo. Recuerde que su llamado a ser apóstol, profeta, evangelista, pastor o maestro nunca lo podrá satisfacer. "Y él mismo constituyó a unos, apóstoles; a otros, profetas; a otros, evangelistas; a otros, pastores y maestros" (Efesios 4:11).

A veces hay quienes se casan con el ministerio, en lugar de enamorarse del Esposo. Durante años, he oído estupendas enseñanzas acerca de mantenerse puro dentro del ministerio. "Las tres claves para mantener puro su ministerio", he oído decir, "son: No toques la gloria. No toques el dinero. No toques a las mujeres." Estas tres claves son muy importantes, y la mayoría de los ministros nunca serán culpables de nada de esto. Sin embargo, son muchos los que están viviendo para sus dones, su puesto, su título, su doctrina o su denominación.

El hecho de estar en el ministerio nunca va a satisfacer las necesidades más profundas de su espíritu.

El hecho de estar en el ministerio nunca va a satisfacer las necesidades más profundas de su espíritu. Tener un importante puesto en el ministerio, o poseer dones sobrenaturales no es lo que va a satisfacer sus anhelos más profundos. ¡Sólo Jesús puede satisfacer! Podemos predicar mensajes excelentes acerca de la forma de quedar libres de las adicciones y la esclavitud a las drogas y el alcohol, y al mismo tiempo ser adictos nosotros mismos al oficio del ministerio. No deje que le suceda esto.

Cuando hallemos finalmente al que ama nuestra alma, como la mujer del Cantar de los cantares, cantamos:

Hallé luego al que ama mi alma;
Lo así, y no lo dejé...

— Cantar de los cantares 3:4

La samaritana del pozo había estado casada con cinco hombres, y ahora estaba cohabitando con el sexto. Pero una vez que se encontró con Jesús en el pozo y probó el agua viva que Él le ofrecía, reconoció que no era otro hombre lo que necesitaba para saciar su alma. Por eso "dejó su cántaro, y fue a la ciudad, y dijo a los hombres... ¿No será éste el Cristo?" (Juan 4:28-29). Tuvo un encuentro con Cristo mismo, y Él la envió de vuelta a casa con una fuente de agua viva burbujeante que brotaba de ella. Ya no tendría que sacar un agua que no podía saciar su sed, de un pozo que nunca saciaba. Llevaba muy dentro de su alma la fuente del agua viva. Ahora ella misma se había convertido en pozo.

En el versículo 39 leemos los resultados: "Muchos de los samaritanos de aquella ciudad creyeron en él por la palabra de la mujer".

Cuando usted se encuentre con Cristo en el momento de su mayor necesidad, y beba de su agua viva hasta convertirse en una fuente que burbujea y mana agua, nunca volverá a sentir sed. Ahora será usted mismo el pozo.

La adoración no es cuestión de dónde, sino de quién

Observe que fue la mujer la que mencionó primero la adoración; no fue Jesús:

> Le dijo la mujer... Nuestros padres adoraron en este monte, y vosotros decís que en Jerusalén es el lugar donde se debe adorar. Jesús le dijo: Mujer, créeme, que la hora viene cuando ni en este monte ni en Jerusalén adoraréis al Padre. Vosotros adoráis lo que no sabéis; nosotros adoramos lo que sabemos; porque la salvación viene de los judíos.
>
> — JUAN 4:19-22

Trate de imaginarse este encuentro. Una samaritana pecadora y despreciada, debatiendo con el Hijo de Dios acerca de la adoración. Tratando desesperada de definir lo que ella comprendía como adoración, sacó el antiguo argumento de que la adoración está asociada con el lugar donde se adora. De inmediato, Jesús corrige su error. Enseña aquí que lo importante no es dónde se adore, sino a quién se adore. La adoración no se debe seguir asociando con un monte, un lugar, una ciudad o un momento. Ahora hay que adorar al Padre.

La gente me pregunta: "¿Dónde adora usted?" La adoración no es un lugar, ni tampoco un momento. Hasta en las iglesias llenas del Espíritu, la adoración sigue asociada a un momento. "Si quiere adorar como se debe, comience a las diez de la mañana."

Otros preguntan: "¿A qué iglesia va usted?" Con frecuencia nos decimos: "Vamos a la iglesia esta mañana". Reconózcalo: usted nunca ha ido a la iglesia, sino que ES la Iglesia. Nosotros somos el templo o tabernáculo del Espíritu Santo.

Mire el corazón de Jesús. Le dice: "Mujer, créeme". Esto es lo que Él tiene en su corazón hoy para usted. Lo sabe todo acerca de su persona. Conoce todos los esposos —toda relación improductiva y falta de amor — que usted ha tenido, tratando de hallar amor donde no lo hay. Ahora lo hace responsable de conocer la verdad. Es hora de que centre su adoración en la *Persona* que adora, y no el *lugar* donde lo hace.

Besar el rostro de Dios

Ésta es la conclusión de Jesús: "Mas la hora viene, y ahora es, cuando los verdaderos adoradores adorarán al Padre en espíritu y en verdad; porque también el Padre tales adoradores busca que le adoren" (v. 23). ¿Por qué le dijo: "cuando los verdaderos adoradores"? Yo creo que estaba haciendo una clara distinción, indicando que algunos son *falsos* adoradores. La iglesia está llena de adoradores, pero ¿cuántos lo tocan en realidad? Él busca aquéllos que no sólo lo aman, sino que están *enamorados* de Él; los que no se sienten avergonzados de responder a su amor con adoración. Éstos adorarán al Padre y lo conocerán personalmente, no como Dios, sino como Padre.

La forma de adorar a Dios es en espíritu y en verdad. Jesús nos lo repite en el versículo siguiente, así que debe ser muy importante. ¿Por qué? Porque nada nos acerca más a su presencia que la adoración verdadera.

> Dios es Espíritu; y los que le adoran, en espíritu y en verdad
> es necesario que adoren.
>
> — JUAN 4:24

No es fácil definir la adoración verdadera, pero sí sé esto: Lo único que llena y sacia el anhelo del corazón es adorar al Padre en espíritu y en verdad.

En el Antiguo Testamento, *shajá*, la palabra traducida como *adoración*, significa "deprimir, yacer postrado en homenaje a la realeza o a Dios". En la adoración, uno se inclina o se postra con el rostro en tierra.

En el Nuevo Testamento, la palabra traducida como *adoración* viene del verbo *proskynéo*, que significa "besar, como un perro que lame la mano de su amo". El concepto griego es arrodillarse e inclinarse hacia delante en señal de reverencia. La adoración del Antiguo Testamento se inclina en reverencia. La del Nuevo añade un beso.

Dios hizo criaturas que no hacen más que inclinarse para adorar. De nosotros, su nueva creación, quiere algo más (2 Corintios 5:17). Quiere intimidad. Intimidad con Jesús, intimidad con el Espíritu Santo e intimidad con el Padre. Inclinarse es importante, y tiene su lugar en la adoración. Pero la verdadera adoración elimina la distancia entre Dios y el adorador. Dios quiere que lo besemos. En el texto original del Salmo 2:12 leemos: "Besad al Hijo, para que no se enoje".

La verdadera adoración elimina la distancia entre Dios y el adorador.

Hace poco me desperté temprano con este pensamiento martilleándome en el corazón: *Hay quienes lo besarán y traicionarán, mientras que otros lo besarán y adorarán.* No todos los besos son besos de adoración. Judas saludó a Jesús con un beso, pero era un beso de traición. Que todos sus besos sean besos de adoración, y no de traición.

La mujer samaritana comenzó ahora a darse cuenta de quién era aquél con quien estaba hablando. Su curiosidad aumentó, y le dijo: "Sé que ha de venir el Mesías... cuando él venga nos declarará todas las cosas" (Juan 4:25). Le estaba preguntando: "¿Eres tú?"

Jesús le respondió diciendo: "Yo soy, el que habla contigo" (v. 26). En el texto griego original, este versículo es muy poderoso. En realidad dice: "El que está delante de ti, Dios, el YO SOY, YO SOY está aquí".

Se había encontrado cara a cara con el Hijo, y había quedado transformada. Después de esto, corrió al poblado para hablarles a todos de Jesús. Había adorado. Había besado el rostro de Dios.

Ésa es la clase de adoración que Dios está buscando. Nosotros somos adoración. Con nuestra vida de adoración, también nosotros podemos besar el rostro de Dios. En esa santa intimidad, el velo que cubría nuestro rostro ha sido quitado. Ahora el adorador se encuentra con Dios cara a cara, y es transformado a su semejanza.

> Por tanto, nosotros todos, mirando a cara descubierta como en un espejo la gloria del Señor, somos transformados de gloria en gloria en la misma imagen, como por el Espíritu del Señor.
>
> — 2 CORINTIOS 3:18

¿Anhela usted a Jesús? ¿Está listo para un encuentro cara a cara con Dios? ¿Está listo para besar el rostro de Dios con su vida de adoración?

Tal vez usted se pregunte: "¿Qué debo hacer para convertirme en un verdadero adorador? ¿Cómo puedo besar el rostro de Dios?" Esto le parecerá demasiado simple; sin embargo, es cierto. Enamórese de Cristo una vez más. Dígale lo mucho que lo ama y lo necesita. Él es el único que saciará los anhelos de su corazón.

Sólo en su presencia podrá usted ser transformado una y otra vez. Mientras más se enamore de Jesús, más lo cambiará Él de gloria en gloria. A esto se refiere la adoración. Dígale: "Señor Jesús, te amo más que nunca antes. Te amo mucho Jesús. Tú significas mucho para mí. Señor, te amo más que a la Iglesia y más que al ministerio".

Oro para que el Señor le toque el corazón con su presencia. Renueve su amor y su relación con Él. Regrese a la fuente de toda el agua viva, y beba de Él. Abandone su viejo cántaro. Permítame darle la forma de un cántaro nuevo. Hay un pozo de agua viva dentro de usted. Salta, manantial, salta.

Ahora, llévese la mano a la boca, mire hacia arriba y láncele un gran beso. Dígale con pasión: "Jesús, te amo".

Para besar el rostro de Dios...

1. Debe nacer del agua y del Espíritu.
2. Arrepiéntase y deje que su agua viva limpie por completo su pozo.
3. No beba de ningún otro pozo, más que de su pozo de agua viva.
4. Deje que fluyan de usted ríos de agua viva.
5. No se centre en el lugar donde adora; fije los ojos en aquél a quien adora: Jesús.
6. Prepárese para un cambio. La verdadera adoración comprende el que Dios lo cambie desde dentro hacia fuera.
7. Cuando encuentre a aquél a quien ama, no lo deje ir nunca más.

Capítulo 5

Hablar cara *a* cara

Cuando reflexiono sobre algunos de los momentos más memorables de mi vida, me doy cuenta que, casi sin excepción, fueron tiempos en los que me hallaba en una encrucijada dentro de mi caminar con el Señor. Momentos de gran hambre en mi vida en los cuales me vi enfrentado a grandes cambios; momentos en los cuales la presencia del Señor se hizo cada vez más real.

Toda experiencia memorable de la vida lleva consigo una revelación mayor de Dios. Recuerdo ahora uno de esos tiempos en los que sentía hambre por más de Él. Creo que la razón por la que el Señor me recordó este momento es para que lo pueda alentar y ayudar en su caminar con Jesús.

Hace años, fui con mi espora Erika a unas bien ganadas vacaciones. Dios me ha bendecido con unos regalos maravillosos en mi esposa y mis hijos. En aquellos momentos, Erika y yo necesitábamos alejarnos para estar juntos. En la segunda noche de nuestras vacaciones, el Señor me despertó a las cuatro de la mañana y me dijo: "Sam, hoy quiero pasar treinta minutos contigo".

Yo me senté, miré al reloj y le dije: "Señor, hoy te dará media hora". Me volví a acostar. Apenas había puesto la cabeza en la almohada, Dios me dijo: "¡Ahora!"

Me levanté, tomé mi Biblia y salí al balcón. Yo siempre comienzo mi tiempo de oración leyendo uno de los Salmos, así que abrí la Biblia para orar con el Salmo 119 y el Salmo 51. Cuando terminé de leer, cerré la Biblia y comencé a adorar al Señor. Había algo muy diferente. No sentía su presencia.

Cuando no sienta la presencia del Señor, no es Él quien se ha movido; es usted.

Recuerde esto: Cuando no sienta la presencia del Señor, no es Él quien se ha movido; es usted. Dios es omnipresente. Siempre está con nosotros. Nunca nos abandona. Por supuesto que nuestros sentimientos son reales, pero no constituyen la realidad. Dios siempre está presente con nosotros; en cambio, nosotros no siempre estamos presentes con Él. Había algo en mí que lo mantenía distante.

Yo sabía que había algo que estaba obstaculizando nuestra relación, así que me limité a seguir orando. Cuando se sienta lejos de Dios, no se dé por vencido. Sea persistente en su oración. Siga adelante y ore todo el tiempo que haga falta para pasar de la superficialidad a la intimidad con Él. Finalmente, oí estas palabras: "Cállate. Haz silencio".

Era algo que no había oído que Dios me dijera antes. Sinceramente, no sabía cómo estar callado en oración. Aquella mañana aprendí una profunda lección. Primero, aprendí que mi vida de adoración expresiva no era suficiente para hacerme entrar en su presencia. Mientras más tiempo estaba callado, más real se iba haciendo su presencia.

Había algo diferente y más íntimo en aquellos momentos con el Señor. Lloré durante la hora y media siguiente. Era algo poco usual. No había experimentado antes una presencia de Jesús tan pura y hermosa. Por fin terminé de llorar, y también se me terminaron las palabras. Regresé al cuarto del motel a eso de las seis y media, y no podía creer que hubieran pasado aquellas dos horas en las que había dicho tan pocas palabras. Unas cuantas horas más tarde, bajé con mi esposa a la playa. Sabía que el Señor no había terminado conmigo, y que había más en camino, así que me llevé mi Biblia conmigo. Nos asentamos, y abrí la Biblia en Apocalipsis

8, donde comencé a leer estas palabras:

> Cuando abrió el séptimo sello, se hizo silencio en el cielo
> como por media hora.
>
> — APOCALIPSIS 8:1

Me di cuenta de que Dios estaba confirmando lo que acababa
de empezar en mi vida durante aquella media hora que había
pasado a solas con Él. A la mañana siguiente, a eso de las tres de la
madrugada, el Señor me habló de nuevo, diciéndome: "Quiero
pasar treinta minutos a solas contigo hoy".

Cuando me levanté y salí fuera, descubrí que las cosas eran distintas aquella mañana: su presencia me estaba esperando. Me
senté muy callado en la atmósfera más hermosa de la presencia de
Dios. Estaba comenzando a aprender que el silencio se podía convertir en una puerta importante para entrar en la presencia de
Dios.

Entonces el Espíritu Santo me comenzó a hablar: "Sam, todo lo
que te oigo hablar tiene que ver con tus necesidades, debilidades y
deseos. Todo lo que oigo en tu oración son tus problemas, y lo que
estás pasando. ¿Quieres saber cuál es el secreto? Aprende a que-
darte quieto y tranquilo. Espera hasta que yo venga, como lo he
hecho en estas dos últimas noches. Cuando yo venga y te llene, ora
entonces, y yo te oiré y te responderé".

Aquel día aprendí una gran lección acerca de *estar quieto y
conocer a Dios*.

Al día siguiente, Erika y yo nos preparábamos para salir a
almorzar. Mientras esperaba a mi esposa, abrí la gaveta de la mesa
de noche que teníamos en el hotel. Allí vi un libro acerca del
dueño del hotel y la historia de su vida. Sabía que no tenía mucho
tiempo, así que revisé con rapidez las primeras páginas. La tercera
me golpeó como si hubiera sido una tonelada de ladrillos.

En esa página, el autor hablaba de su madre, quien era una
mujer de oración. Ella era quien le había enseñado que cuando se
enfrentara con las pruebas y las adversidades, debía dejar de inmediato lo que estaba haciendo para pasar media hora a solas con
Dios. Era la segunda confirmación que me daba el Señor acerca de

mi momento con Él, y en los días siguientes, mi vida de oración cambió de forma drástica. A partir de entonces, durante años, el Señor me despertaba todas las madrugadas para tener una callada comunión con Él.

Ahora, varios años más tarde, sé por qué el Señor me ha recordado aquellos momentos. Hoy realmente lo quiero más en mi vida que entonces. Realmente anhelo tener un momento con Él. Necesito con urgencia regresar al lugar secreto que compartíamos en aquellos momentos de silencio juntos.

¿Qué me dice usted?

- ¿Echa de menos su lugar secreto, el lugar de silencio en su presencia?
- ¿Se pasa demasiado tiempo hablando, y demasiado poco escuchando?
- ¿Cómo es su comunión con el Espíritu Santo?
- ¿Está demasiado ocupado para sentarse y esperarlo a Él en silencio, sin
- pronunciar una palabra?

Le quiero recordar lo mucho que Dios lo ama hoy. Él se le quiere manifestar. El mismo Dios que se le manifestó a Moisés se le quiere revelar a usted.

¿Dónde se comienza? Se comienza siendo fiel con Dios y pasando tiempo con Él. Espérelo callado; quédese quieto y pese sus palabras ante Él. No comience su día hablándole de todas sus necesidades y problemas. Él ya sabe todo lo que usted necesita. Tal vez no le sea fácil hacer esto. Es posible que se le haga difícil sentarse quieto y callado. Pero va a valer la pena.

Estad quietos, y conoced

Escuche lo que Dios nos está diciendo a usted y a mí:

Estad quietos, y conoced que yo soy Dios;
Seré exaltado entre las naciones;
enaltecido seré en la tierra.

— SALMO 46:10

En hebreo, las palabras traducidas como "estad quietos" se pueden traducir como "vuélvanse nada". Deje las cosas en manos de Dios. Deje que Él obre en los asuntos de su vida. No hacen falta sus esfuerzos. Descanse, que Él se va a hacer cargo de todo por usted. Éxodo 14:13 pinta hermosamente esta imagen: "Estad firmes, y ved la salvación que Jehová hará". Muchas victorias han sido abortadas porque no hemos aprendido a estar quietos y firmes. Nos preocupamos por todo. Deje de preocuparse. No sienta pánico. Líbrese de la ansiedad y confíe en Dios. Él lo va a sacar con bien, tal como ha prometido.

¿Recuerda la historia de Elías y los profetas de Baal en 1 Reyes 18? Aquellos profetas paganos y Elías, profeta del único Dios verdadero, entraron en competencia en el monte Carmelo. Los falsos profetas clamaron todo el día, pidiéndole a Baal que consumiera su sacrificio con el fuego, para demostrar que él era real. Por supuesto, no sucedió nada. Entonces Elías, quien había mojado su sacrificio y lo había rodeado con agua, oró al Dios viviente, y llovió fuego del cielo. Baal y sus profetas fueron destruidos. El Dios viviente y Elías, su profeta, habían ganado una gran victoria.

No obstante, la reina Jezabel era quien había fomentado en Israel el culto a Baal. Enojada, les ordenó a sus soldados que mataran a Elías. Éste, huyendo para salvar la vida, llegó al desierto y subió al monte Horeb, la montaña de Dios. Allí se escondió en una cueva y se puso a lamentarse de su suerte.

Había llegado el momento de enfrentarse a Dios. En 1 Reyes 19:11-12 se dice:

> El le dijo: Sal fuera, y ponte en el monte delante de Jehová.
> Y he aquí Jehová que pasaba, y un grande y poderoso viento
> que rompía los montes, y quebraba las peñas delante de
> Jehová; pero Jehová no estaba en el viento. Y tras el viento
> un terremoto; pero Jehová no estaba en el terremoto. Y tras
> el terremoto un fuego; pero Jehová no estaba en el fuego. Y
> tras el fuego un silbo apacible y delicado.

Nosotros habríamos esperado que una gran manifestación del Señor sacudiera a Elías para que volviera a la realidad. Habríamos esperado que Dios manifestara su presencia y poder por medio de actos poderosos como remolinos de viento, terremotos y fuegos. Pero Dios no estaba en ninguna de aquellas manifestaciones. Su presencia llegó a Elías en medio del silencio. Le habló por medio de él con "un silbo apacible y delicado".

Sólo cuando todas las demás voces se callen, podremos oír la voz de Dios. Sólo cuando las voces de dentro y fuera de nosotros queden silenciadas, podremos discernir el silbo apacible de Dios en medio del silencio. ¿Está dispuesto a callar todas las demás voces para oírlo?

Orar en medio de la quietud

Un jueves por la noche, estaba acostando a mi hija pequeña. Mientras oraba por ella, el Señor me tocó el corazón y me mostró algo acerca de su amor por mí. Esa noche, en aquella sencilla oración por mi hija, me reveló su amor por mí. Poco después, me estaba alistando para acostarme, y comencé a darle gracias al Señor por mostrarme el amor que me tiene.

Mientras le estaba dando gracias, el Espíritu Santo me susurró una pregunta: "¿Cómo llegaste a conocer a tu hijita?"

"Señor", le dije, "la he llegado a conocer pasando momentos con ella y conversando."

Su respuesta fue: "Así es como se me llega a conocer a mí. Pasando tiempo y conversando conmigo."

Hay tiempo para callar, y tiempo para hablar. La gente tiene un hambre inmensa de oración en el corazón. Sin embargo, no sólo batallan en la oración, sino que batallan incluso para hallar el momento en el que pueden orar. La oración se ha convertido en un gran aburrimiento. ¿Cómo es posible que en medio de esta clase de hambre, la oración se vuelva una carga tan grande? Cuando falta el Espíritu Santo, entonces la oración se convierte en una pesada carga.

Mi hijita me ha ayudado a aprender una lección muy valiosa acerca de la oración. Verá. Christa no se duerme hasta que *papá* ora por ella. Cuando estoy fuera ministrando, me llama y me recuerda: "Papá, ora por mí".

La oración tiene prioridad para ella antes de acostarse. Todas las noches, cuando estoy orando por ella, el Señor me recuerda mis prioridades en cuanto a la oración. Orar es hablar con Dios y familiarizarse con Él. Si usted quiere conocerlo, como sucede con cualquier otra relación, necesita pasar tiempo hablando con Él.

Regresemos a lo que es realmente una prioridad en nuestra vida. ¿Cuál es el rostro que usted ve primero en la mañana? ¿Cómo pasa los primeros minutos del día? ¿Dedica esos primeros minutos del día a leer el periódico, a enterarse de las noticias mundiales, o a ver el noticiero por televisión? Ver las noticias no es lo que va a edificar su fe, sino la lectura de su Palabra.

> No se familiarice con lo que el diablo dice, al mismo tiempo que pierde familiaridad con lo que dice Dios.

No se familiarice con lo que el diablo dice, al mismo tiempo que pierde familiaridad con lo que dice Dios. Al enemigo le encanta jugar con la mente, distrayéndonos con cosas mundanas. No estoy diciendo que no les debamos prestar atención a los sucesos mundiales que aparecen en las noticias. Pero el llamado a orar no se debe basar en lo que hemos visto en la televisión. Cuando usted les dedica los primeros minutos del día a estas cosas, el enemigo interfiere en su mente, y entonces la oración se vuelve una carga.

Hablar con Dios cara a cara

Oh Jehová, de mañana oirás mi voz;
De mañana me presentaré delante de ti, y esperaré.

— Salmo 5:3

"De mañana oirás mi voz." En la mañana fijamos nuestro espíritu para todo el día. Debemos comenzar nuestra mañana con Dios, no con la televisión ni con el periódico. Una taza de café y la lectura del periódico no son las cosas que van a responder la oración.

Tanto la mañana como la tarde y la noche van a ser mucho mejores cuando comencemos el día con Dios. Cuando Él ocupa el primer lugar en nuestros pensamientos durante la mañana, entonces va a ocupar también nuestro último pensamiento al terminar el día.

David dice en el mismo versículo: "De mañana me presentaré delante de ti". "Señor, voy a dirigirte a ti mi oración. Tú eres mi centro de atención." Recuerde que Jesús le dijo a la mujer samaritana que la adoración debe ir dirigida al Padre. La oración y la adoración van dirigidas ambas al Padre.

"Y esperaré." La oración siempre nos llevará a un nivel más alto en nuestra relación con Dios. Nos levanta de nuestras situaciones terrenales para darnos la perspectiva de Dios. Moisés tuvo ese tipo de experiencia.

Un día, el Señor le dijo a su amigo Moisés: "Prepárate, pues, para mañana, y sube de mañana al monte de Sinaí, y preséntate ante mí sobre la cumbre del monte" (Éxodo 34:2). Aquella invitación tenía un propósito: Dios sabía que Moisés nunca entendería a los hijos de Israel sólo por habitar entre ellos. Cuando éste subió a la montaña por la mañana, y miró desde lo alto, desde el punto de vista de Dios, las cosas eran muy distintas. Las cosas se ven muy diferentes cuando uno se halla en la cima de una montaña. La vista es más alta y más clara. Entonces, Moisés descendió de la montaña con los mandamientos de Dios.

Así como no somos nosotros quienes tenemos la iniciativa en la adoración, tampoco la tenemos en la oración. La oración es la invitación que Dios nos hace, y nosotros nos limitamos a responder a ella. Vemos esto en el huerto con Adán y Eva, en Génesis 3. Primero escucharon la voz de Dios, y después le respondieron. Era Dios quien los llamaba a ellos; no eran ellos quienes llamaban a Dios.

¿Cómo reaccionaron ante su voz? La oyeron y se escondieron. Hoy en día las cosas no parecen ser muy diferentes. Él llama, y nadie responde. Llama, y nosotros nos escondemos en nuestros trabajos, en nuestros hogares y, sí, también en nuestra iglesia.

La oración es nuestra comunión con Dios. Él puso en el corazón de todo creyente el deseo de orar. Este deseo se origina en Dios, desciende a la tierra y vuelve a Él en forma de oración. Cuando usted nació de nuevo, Él puso dentro de usted el deseo de orar. La oración es aquello que lo alerta, de la misma forma que un reloj despertador lo despierta. La oración es lo que despierta su corazón a los anhelos de Dios. Su propósito es sacarlo a usted de la carne para que entre en la presencia divina.

Como la adoración, la oración puede pasar por muchos obstáculos. Es difícil creer que con todos los libros que se han escrito sobre ella, sean tan pocos los que oren en realidad. Hemos oído y leído mucha revelación *acerca* de la oración, pero nos sigue costando mucho trabajo ser fieles en *hacerla*.

¿Qué causa la falta de oración?

Me he pasado un número incalculable de horas hablando con personas que tienen luchas acerca de la oración. No se trata de gente rara o poco frecuente. Algunos de ellos, los he conocido durante años, y en el exterior, todo se ve bien. Me parece que a lo largo de los años, ha habido sobre todo dos cosas que les han robado sus momentos con Dios.

1. *La autosatisfacción.* Es decir, las cosas iban tan bien para ellos, que no necesitaban a Dios. Su vida de oración consistía en orar cuando las cosas iban mal y necesitaban algo de Dios. Cuando las cosas iban bien, no tenían nada sobre lo cual orar.

2. *Las distracciones.* Estaban muy ocupados *haciendo*, en lugar de *ser*. Habían comenzado a vivir para alimentar sus distracciones. Las distracciones son esas cosas de la vida que nos mantienen esclavizados a lo que no tiene importancia.

La vida se nos presenta con muchas cosas importantes que es necesario hacer. Lo cierto es que cuando se acabe esta vida, usted no se llevará nada consigo, excepto lo que haya hecho por la causa de la eternidad. Lo que haya sembrado para edificar su Reino y los que se lleve consigo al cielo, serán todo lo que cuente en la eternidad.

Dios quiere transformar su deseo de orar en una vida de oración.

Dios quiere transformar su deseo de orar en una vida de oración. Pablo escribe: "Perseverad en la oración, velando en ella con acción de gracias" (Colosenses 4:2). Una de las cosas con las que luché durante muchos años fue la falta de disciplina en mi vida de oración. Cada vez que llegaba a estar demasiado ocupado en el ministerio, me tenía que recordar a mí mismo: "No se trata del ministerio". Mi vida de oración cambió cuando dejé de centrarme en conseguir respuestas de Dios, sino en conseguirlo a Él.

Besar el rostro de Dios en oración

Pablo escribe: "Y por cuanto sois hijos, Dios envió a vuestros corazones el Espíritu de su Hijo, el cual clama: ¡Abba, Padre!" (Gálatas 4:6). Con frecuencia, en la oración tenemos la tendencia a centrarnos en las cosas que necesitamos, pero lo más importante al orar es nuestra relación con Dios. La oración nace de la relación entre el Padre y sus hijos e hijas. El Señor me ha bendecido con cuatro hijos. Cuando mis hijos me necesitan, todo lo que tienen que decir es "papá", y mis oídos atienden enseguida. Respondo de inmediato a su necesidad.

Porque somos hijos e hijas, clamamos "¡Abba, Padre!" Jesús les enseño a sus discípulos no sólo *cómo* orar, sino también a orar *diciendo* "Padre nuestro". Lo que conmueve el corazón de Dios no es lo que usted diga en su oración. Lo conmueve el hecho de que usted haya venido a buscarlo en oración. ¡Aleluya!

En Génesis 18 se nos habla de un hombre llamado Abraham, quien no sólo fue un héroe de la fe, sino también un hombre que sabía permanecer callado ante el Señor. En el versículo 17 leemos: "Y Jehová dijo: ¿Encubriré yo a Abraham lo que voy a hacer...?"

El Salmo 25:14 dice: "La comunión íntima de Jehová es con los que le temen, y a ellos hará conocer su pacto". Cuando Dios hace un pacto con usted, no le esconde sus planes.

Dios tenía la intención de destruir a Sodoma y Gomorra, pero no se lo quiso esconder a Abraham. Entonces hizo esta increíble declaración: "Porque yo sé que mandará a sus hijos y a su casa después de sí, que guarden el camino de Jehová..." (Génesis 18:19). El juicio de Dios surgió a causa del gran pecado que había en esas ciudades. Por eso dice: "Descenderé ahora, y veré si han consumado su obra" (v. 21).

Esto es lo que Dios descubrió:

> Y se apartaron de allí los varones, y fueron hacia Sodoma; *pero Abraham estaba aún delante de Jehová.*
>
> — GÉNESIS 18:22, CURSIVA DEL AUTOR

Los demás se fueron, pero Abraham siguió ante el rostro de Dios. Mientras los otros se alejaban, él permaneció inmóvil ante el Señor. Lea el resto de este capítulo. Es algo realmente increíble. Yo sólo le voy a dar una versión abreviada.

Abraham comenzó a alegar con Dios. Yo haría de esta forma una paráfrasis de lo que dijo: "Señor, te conozco, y sé por qué me hablaste de tus planes para Sodoma y Gomorra. Me lo dijiste porque en realidad no quieres hacer lo que tienes que hacer. ¿Podemos hablar de esto? ¿Destruirías también a los justos con los malvados? ¿Y si encontraras cincuenta justos? ¿Destruirías el lugar en lugar de perdonarlo por esos cincuenta? No, no; tú no debes hacer algo así; ¿acaso el Juez de toda la tierra no va a hacer lo que es correcto?"

Entonces le dijo: "Señor, yo sé que soy polvo, y tal vez me convierta en cenizas, pero necesito hablarte". Estaba cumpliendo una misión, y siguió delante del Señor. "Bien, ¿qué me dices de cuarenta y cinco... supongamos que son cuarenta?"

Dios le respondió: "No las voy a destruir por esos cuarenta".

Entonces Abraham siguió regateando con Dios hasta llegar a diez. Dios aceptó salvar la ciudad, si había en ella diez justos. Pero no había ni siquiera diez justos en aquel lugar.

Anteriormente, Dios había hecho un pacto con Abraham. Ahora estaba haciendo planes para destruir las ciudades de Sodoma y

Gomorra. Pero a causa de su relación de pacto con Abraham, dijo: "No le puedo esconder esto a Abraham". Entonces le dijo lo que iba a hacer. Como consecuencia, Abraham se quedó delante de su presencia. Su vida de oración se detuvo, y esperó a que Dios se moviera.

La oración es un llamado a interceder buscando el rostro de Dios.

En nuestra nación hay hoy un movimiento de Dios que se está produciendo en estos mismos momentos. Dios está llamando a muchos intercesores para que se pongan en la brecha, como preparación para el mayor de los avivamientos que hayamos visto jamás. *La oración es un llamado a interceder* buscando el rostro de Dios.

Mi corazón ha dicho de ti: Buscad mi rostro.
Tu rostro buscaré, oh Jehová.

— Salmo 27:8

Hay una diferencia entre buscar a Dios y buscar su rostro.

- ¿Está usted frente a Él?
- ¿Está detrás de Él?
- ¿Está cerca de Él, o ante Él?

Si todo lo que usted desea es buscarlo, esto no tiene nada de malo, pero algo sucede cuando uno busca su rostro. Cuando mis hijos me quieren hablar, yo no les digo: "Háblale a mi mano". No le hablan a mi espalda, ni a mis pies o mis manos. Hablan con papá rostro a rostro.

¿Sabe usted lo mucho que Dios quiere que usted busque su rostro? Quiere que usted se meta en el mismo medio de lo que Él está haciendo. Él lo ama mucho. La próxima vez que ore, no se limite a buscar a Dios; *busque su rostro*. Las Escrituras nos instruyen, diciendo: "Hijos míos, no os engañéis ahora, porque Jehová os ha escogido a vosotros para que *estéis delante de él* [*panim*, "dar la cara, como la parte del cuerpo que gira"], y le sirváis, y seáis sus ministros, y le queméis incienso" (2 Crónicas 29:11, cursiva del autor).

¿Por qué será que hay quienes van con frecuencia a un lugar de adoración, pero no cambian? Es porque descuidan su oración personal. Dios quiere que tengamos hambre de su presencia. Si usted quiere hallar a Dios con rapidez, entonces búsquelo sediento. Lo hallaremos cuando lo hayamos buscado con todo el corazón. "A los hambrientos colmó de bienes..." (Lucas 1:53).

Dios nos está llamando a un nivel más profundo de oración e intercesión. La oración prepara nuestro corazón para la adoración verdadera. Honra a Dios. Es un acto de adoración. Nos lleva a una posición en la que dependemos totalmente de Dios. A Él no le incomoda responder a nuestra oración. De hecho, es la oración la que nos capacita para recibir todas sus promesas. Nuestra meta en la oración y la adoración debe ser siempre tener comunión con Dios. ¿Cómo se aprende a adorar? ¡Adorando! ¿Cómo se aprende a orar? ¡Orando! Volvamos a nuestra oración privada.

Besar el rostro de Dios por su familia

Dios quiere algo más que una relación eterna con usted. Quiere que también toda su familia, toda su casa, sea salva. Tal vez usted tenga seres amados que no son salvos: cónyuge, hijos, padres, abuelos o parientes. Dios quiere que todos sean salvos.

En mi cultura, es frecuente que nos saludemos dándonos un beso. A veces, le llevamos un beso de un pariente a otro. En ocasiones, yo visito a uno de mis hermanos, y después voy ver a mi madre. Al saludarla, la beso, llevándole así también el beso de mi hermano. Al besarla, surge en ella el recuerdo de su amor por él, y es frecuente que llore.

En Hechos 10 leemos cómo Cornelio oraba y ofrecía limosna. Al hacerlo, se estaba edificando un memorial ante Dios. Como consecuencia de esto, fue salvo él y toda su familia. Quiero que usted siga el ejemplo de la oración de Cornelio. Edifique un memorial ante el rostro de Dios. Bese su rostro con frecuencia en sus oraciones. Recuérdele al Señor lo mucho que Él ama a sus parientes que no son salvos. Pídale que envíe a su Espíritu Santo para que mueva a todos los creyentes que se crucen en el camino de sus seres amados no salvos, de manera que manifiesten el amor de Dios en todo cuanto digan o hagan en relación con ese ser amado suyo que no es salvo.

Mientras ora, cúbrale el rostro a Dios de besos memoriales como recuerdo constante de que usted anhela ver salvos a sus seres amados.

Esté quieto...

Tómese un momento ahora mismo. Deje de leer y comience a orar. Deje de hacer ruido con los labios y comience a escuchar con el corazón. Esté quieto. Acérquese al Dios viviente.

Muchas veces, cuando mi hija me susurra, me tengo que acercar a su rostro para escuchar el secreto que ella quiere compartir conmigo. En el lugar secreto de Dios, usted necesita silenciar todos los demás ruidos y voces. Entonces, debe acercarse a su rostro en medio de la quietud, para poder escuchar su susurro.

Cuando escuche el susurro de Dios, su oído estará cerca de los labios de Él.

Su corazón estará unido al suyo.

Y en ese momento, el tiempo se detendrá.

La eternidad le invadirá el alma,

Y besará el rostro de Dios.

Para besar el rostro de Dios...

1. Apártese de los ruidos y las distracciones que lo rodean. Esté quieto y ore.
2. Escuche el delicado susurro de Dios.
3. Dele a la oración la máxima prioridad por la mañana.
4. Interceda por otras personas.
5. Desee más a Dios que a sus respuestas.
6. Ore por sus parientes que no sean salvos.
7. Levante un memorial de oración con sus besos.

Capítulo 6

Muéstrame Tu gloria

Hoy en día son muchos los que hablan de la gloria de Dios. Es como un sonido ambiental dentro del cuerpo de Cristo. La gente tiene más hambre de Dios que nunca antes. Clama desesperadamente por su gloria. El pueblo de Dios ha oído todos los mensajes, cantado todos los cantos, e incluso experimentado su poder por medio de milagros; con todo, siguen sabiendo que hay más. Oyen que algo se acerca en la distancia.

Tengo en mi espíritu la profunda impresión de que oigo el sonido de una lluvia abundante. Cuando hay una tormenta distante, se la ve venir, porque las nubes se espesan y oscurecen. La lluvia comienza con unas cuantas gotas al principio, pero en poco tiempo se convierte en una cegadora cortina de agua.

Estamos viendo las primeras gotas del derramamiento futuro de la gloria de Dios. Está comenzando como una lluvia con sol, pero a medida que aumente el hambre en el pueblo de Dios, esa leve lluvia se convertirá en un aguacero cada vez más fuerte. La gloria nos cubrirá los tobillos, permitiéndonos caminar en ella. Nos rodeará las rodillas mientras oramos en ella. Rodeará después nuestra cintura como intercesión, y después se convertirá en una oleada creciente para la cosecha del final de los tiempos.

Mientras escribo esto, el centro de la Florida ha estado pasando por una sequía, y tiene una crítica necesidad de lluvia. Nuestra iglesia ha estado orando para pedir tanto la lluvia natural como la de su presencia. Hace unos pocos días, tuvimos un fuerte aguacero. Después de las primeras gotas, mis dos hijos más pequeños anunciaron: "Vamos a salir para jugar en la lluvia".

Los adultos somos muy distintos. A la primera señal de lluvia, corremos a resguardarnos. Nos ponemos a buscar paraguas, sombreros, periódicos; lo que sea, con tal de que la lluvia no nos moje la cabeza. Observé a mis hijos mientras jugaban en la lluvia, desde una ventana. Estaban gozando, y me invitaban una y otra vez para que fuera con ellos. (¡No creo que lo haga!) Cuando aumentó el viento y las nubes se pusieron más oscuras, pronto se convirtió en un fuerte aguacero, y corrieron de vuelta a la casa.

El Espíritu de Dios me comenzó a hablar al corazón acerca de la gloria de Dios. Como la lluvia, la gloria de Dios está aumentando en intensidad. Nos hemos estado divirtiendo con las primeras gotas, disfrutando de las manifestaciones. Pero a medida que se intensifica la lluvia, también se intensifican nuestras responsabilidades. La gloria de Dios debe producir CAMBIO.

La lluvia de Dios que se aproxima no va a ser en el ámbito de las manifestaciones; va a ser un ámbito de gloria. Esta oleada de su presencia va a traer el avivamiento y la cosecha de los últimos tiempos; el avivamiento para dentro de la iglesia, y la cosecha para fuera de ella. No podemos permanecer ignorantes acerca de los propósitos de su gloria y su presencia. El propósito de la gloria de Dios no es producir escamas de oro, maná, risas, plumas o caídas. Estas cosas sólo son manifestaciones. El propósito de la gloria de Dios es cambiar nuestras vestiduras. Él quiere darle vestiduras nuevas de su presencia, para que las use.

El propósito de la gloria de Dios es cambiar nuestras vestiduras. Él quiere darle vestiduras nuevas de Su presencia, para que las use.

¿Qué es la gloria de Dios?

No es posible comprender plenamente la gloria de Dios a base de enseñanzas. Es necesario experimentarla. Como dice el viejo refrán, "Mejor sentido que contado". Pero una vez que usted haya probado su gloria, no va a querer regresar.

Veamos lo que dice la Palabra de Dios acerca de su gloria. En realidad, para comprenderla tenemos que volver al huerto del Edén. Allí, Dios les dio a Adán y Eva su presencia y comunión. Adán estaba *vestido* de la gloria de Dios.

Originalmente, la humanidad estaba coronada o vestida con la gloria de Dios.

> Digo: ¿Qué es el hombre, para que tengas de él memoria,
> Y el hijo del hombre, para que lo visites?
> Le has hecho poco menor que los ángeles,
> Y lo coronaste [vestiste] de gloria y de honra.
>
> — SALMO 8:4-5

Se define la gloria como la vestidura exterior de la iridiscencia de Dios; los rayos esplendorosos de Dios. Esta vestidura de luz es la que cubría a Adán y Eva en el huerto. Adán fue creado para vivir en la presencia de Dios, pero cuando pecó, perdió la inocencia de su ser. Dios nunca lo apartó de su presencia, sino que fue él mismo quien se escondió. Seguía estando en la presencia de Dios, pero ya no estaba vestido de su gloria, a causa del pecado.

Por vez primera, Adán se dio cuenta de que estaba desnudo. En su vergüenza, se escondió de la presencia de Dios. Ahora tengo una pregunta para usted. Si Dios le manifestara a usted su presencia, ¿andaría buscando un lugar para esconderse?

> Entonces fueron abiertos los ojos de ambos, y conocieron que estaban desnudos; entonces cosieron hojas de higuera, y se hicieron delantales. Y oyeron la voz de Jehová Dios que se paseaba en el huerto, al aire del día; y el hombre y su mujer se escondieron de la presencia de Jehová Dios entre los árboles del huerto.
>
> — GÉNESIS 3:7-8

Nadie nos puede decir cuánto tiempo estuvo Adán en el huerto del Edén. Allí, el ser humano vivía en un ámbito eterno, hasta que pecó. En este ámbito donde no existía el tiempo, no había necesidad de milagros; allí no había enfermedad. Adán vivía en una revelación continua de Dios; vivía en un ambiente sin pecado. El tiempo, tal como nosotros lo conocemos, no comenzó hasta que pecó el hombre. Dios le dijo al hombre: "El día que de él comieres, ciertamente morirás" (Génesis 2:17).

La Palabra de Dios nos dice que Adán vivió novecientos treinta años. Cuando el hombre cayó, se comenzó a conformar al tiempo, en lugar de la eternidad. A Adán le tomó más de novecientos años llegar a su propia muerte. Mi oración hoy es ésta: "Señor, haznos entrar al ámbito de tu gloria que Adán conoció una vez".

La gloria habla de la norma de Dios en cuanto a santidad e integridad moral. Pablo escribe: "Por cuanto todos pecaron, y están destituidos de la gloria de Dios" (Romanos 3:23). ¿Qué significa estar destituido? Significa "carecer de, o no tener" la gloria de Dios. Ésta es la irradiación, el esplendor, la manifestación externa de lo que Él es.

La gloria de Dios habla también del resplandor de Dios. Jesús nunca pecó, y por eso es llamado "el resplandor de su gloria". Leemos esto en Hebreos 1:3: "El cual [Jesús], siendo el resplandor de su gloria, y la imagen misma de su sustancia, y quien sustenta todas las cosas con la palabra de su poder, habiendo efectuado la purificación de nuestros pecados por medio de sí mismo, se sentó a la diestra de la Majestad en las alturas".

En su condición de segundo Adán, Jesús entra en el tiempo y el espacio como la Palabra eterna. ¿De qué está revestido? De las vestiduras de gloria de Dios, por supuesto. "Y aquel Verbo fue hecho carne, y habitó entre nosotros (y vimos su gloria, gloria como del unigénito del Padre), lleno de gracia y de verdad" (Juan 1:14).

Por un breve instante, los discípulos pudieron contemplar las vestiduras de gloria de Jesús en el monte de la Transfiguración. "Y se transfiguró delante de ellos, y resplandeció su rostro como el sol, y sus vestidos se hicieron blancos como la luz. Y he aquí les aparecieron Moisés y Elías, hablando con él" (Mateo 17:2-3).

Recuerde que fueron el pecado y la vergüenza los que nos despojaron de las vestiduras de gloria, dejándonos desnudos y avergonzados (Génesis 3:8-9). En la cruz, Jesús cargó con nuestro pecado y nuestra vergüenza, puesto que fue crucificado desnudo. En el momento en que tomó sobre sí nuestras transgresiones, esas vestiduras de gloria que lo revestían desde su concepción humana, y que habían visto los discípulos en el monte de la Transfiguración, fueron cambiadas por unas vestiduras de pecado y vergüenza. La agonía que aquello le produjo fue lo que le hizo clamar: "Dios mío, Dios mío, ¿por qué me has desamparado?" (Mateo 27:46).

Pero Dios lo levantó de entre los muertos y lo revistió de nuevo y para siempre con la gloria: "Dios, quien le resucitó de los muertos y le ha dado gloria" (1 Pedro 1:21). Cuando usted y yo recibimos a Cristo como Señor de nuestra vida, nosotros también quedamos revestidos de su gloria y reflejamos su semejanza:

> Porque somos sepultados juntamente con él para muerte por el bautismo, a fin de que como Cristo resucitó de los muertos por la gloria del Padre, así también nosotros andemos en vida nueva. Porque si fuimos plantados juntamente con él en la semejanza de su muerte, así también lo seremos en la de su resurrección.
>
> — ROMANOS 6:4-5

Y dentro de cada creyente se halla depositada, por medio del poder de resurrección de Cristo, "la esperanza de gloria" (Colosenses 1:27).

El apóstol Juan escribe de manera similar: "Amados, ahora somos hijos de Dios, y aún no se ha manifestado lo que hemos de ser; pero sabemos que cuando él se manifieste, seremos semejantes a él, porque le veremos tal como él es. Y todo aquel que tiene esta esperanza en él, se purifica a sí mismo, así como él es puro" (1 Juan 3:2-3). ¿Cuál es la esperanza? Es la esperanza de gloria. Esto cumple la oración de Jesús en Juan 17:22: "La gloria que me diste, yo les he dado, para que sean uno, así como nosotros somos uno". Usted y yo hemos sido revestidos con su gloria.

La gloria Shekiná de Dios

Más conocida como la "nube de gloria", esta luz iluminaba el Lugar santísimo del tabernáculo. Era su fuente de iluminación. Durante los cuarenta años que pasó Israel en el desierto, la nube de gloria se cernía sobre el tabernáculo, y toda la multitud de Israel podía ver su resplandor a lo largo de toda la noche.

> Entonces una nube cubrió el tabernáculo de reunión, y la gloria de Jehová llenó el tabernáculo. Y no podía Moisés entrar en el tabernáculo de reunión, porque la nube estaba sobre él, y la gloria de Jehová lo llenaba. Y cuando la nube se alzaba del tabernáculo, los hijos de Israel se movían en todas sus jornadas; pero si la nube no se alzaba, no se movían hasta el día en que ella se alzaba. Porque la nube de Jehová estaba de día sobre el tabernáculo, y el fuego estaba de noche sobre él, a vista de toda la casa de Israel, en todas sus jornadas.
>
> — ÉXODO 40:34-38

Revestido de su gloria, usted se convierte en una "nube de gloria" para que otros presencien y vean el poder de Jesucristo que vive en nosotros. Son muchos los que parecen anhelar algún tipo de manifestación mística, o alguna neblina que llene la iglesia y produzca gotas de oro sobre la gente o el mobiliario. Lo que sucede en realidad es que su semejanza, su gloria, se refleja de tal manera en nuestra vida, que los que no son salvos, reciben salvación, los enfermos son sanados y los encadenados son liberados. ¡Eso si es realmente una manifestación de la gloria de Dios en Cristo Jesús!

Revestido de Su gloria, usted se convierte en una "nube de gloria" para que otros presencien y vean el poder de Jesucristo que vive en nosotros.

La gloria de Dios en la vida de Moisés

En la vida de Moisés hay muchas lecciones valiosas acerca de la gloria de Dios. Moisés fue un hombre que tuvo más hambre de Dios que ningún otro en el Antiguo Testamento. Desde una edad muy temprana, tuvo hambre de Dios. Su primera lección acerca de la gloria divina se produjo en la zarza ardiente. "Y dijo: No te acerques; quita tu calzado de tus pies, porque el lugar en que tú estás, tierra santa es" (Éxodo 3:5).

La relación de Moisés con Dios comenzó con una presentación de la santidad divina. Cuando se quitó las sandalias, y sus pies tocaron aquel suelo, el fuego que comenzó por sus pies lo quemó hasta el corazón con la santidad de Dios. La gloria de Dios siempre va precedida de su santidad. Cuando usted clame por la gloria de Dios, prepárese. Él le va a exigir un nuevo nivel de santidad en su vida.

Moisés también aprendió a permanecer en la presencia de Dios. Él anhelaba a Dios, y no a sus milagros. No se contentaba con nada menos que Dios mismo. Amaba la presencia de Dios, y permanecía en ella.

> Entonces Jehová dijo a Moisés: Sube a mí al monte, y espera allá, y te daré tablas de piedra, y la ley, y mandamientos que he escrito para enseñarles.
>
> — ÉXODO 24:12

Dios no quiere sólo tocarlo con su presencia; quiere que usted permanezca con Él. Son demasiadas las personas de la Iglesia que viven de culto a culto, de un toque momentáneo a otro.

> ## Dios no quiere sólo tocarlo con Su presencia; quiere que usted permanezca con Él.

¡Moisés quería conocerle! ¿Se da cuenta de que éste debe ser el primer propósito por el que lo deseemos? Siempre debe ser cuestión de conocerle. La razón por la que tanta gente no vive en la presencia de Dios, es porque lo quieren por unas razones equivocadas. Conocerle significa que debemos llegar a la intimidad con

Él; no contentarnos con conocer cosas *acerca de Él*, sino conocerlo a *Él*.

Moisés le rogó a Dios en una ocasión: "Ahora, pues, si he hallado gracia en tus ojos, te ruego que me muestres ahora tu camino, para que te conozca, y halle gracia en tus ojos" (Éxodo 33:13). Tenía un anhelo puro.... una motivación también pura... e hizo una oración pura demostrando que quería más de Dios. No andaba buscando un ministerio, ni título alguno para exhibirlo. Casi nos lo podemos imaginar clamando desde lo más hondo de su ser: "Dios mío, te quiero a ti; quiero tu presencia, porque quiero conocerte". Nuestra motivación al buscar poder, debe ser pura, sincera y sólo para la gloria de Dios, porque Él no comparte su gloria con nadie. Cuando le pidamos a Dios su gloria, nuestra motivación debe ser pura.

La respuesta del Señor a Moisés es muy poderosa:

> Y él dijo: Mi presencia irá contigo, y te daré descanso. Y Moisés respondió: Si tu presencia no ha de ir conmigo, no nos saques de aquí.
>
> — Éxodo 33:14-15

La traducción del vocablo hebreo *paniim*, el traducido como "presencia", es "el rostro (como la parte que se mueve). *Paniim* es un sustantivo plural.[1] Escuche con el corazón lo que Dios le está diciendo: "Moisés, mis rostros irán contigo. Te dará manifestaciones de mi gracia y mi bondad durante todo tu peregrinar. Variaré mi apariencia, según lo requieran tus necesidades". Si eso no lo hace tener ganas de gritas, no sé qué más le podré decir.

> He aquí yo envío mi Ángel delante de ti para que te guarde en el camino, y te introduzca en el lugar que yo he preparado.
>
> — Éxodo 23:20

No vaya a ninguna parte sin contar con la presencia de Dios para el viaje. Esa presencia es tan importante que Moisés, viendo el viaje que le esperaba, le dijo a Dios: "Si tú no vas conmigo, yo no voy". Si tiene su presencia, tendrá todo cuanto necesite, pero sin ella, no tendrá nada.

No vaya a ninguna parte sin contar con la presencia de Dios para el viaje.

Moisés sabía que, como pueblo de Dios —un pueblo que tenía una relación íntima con Dios mismo—, se deberían distinguir de los pueblos con los que entraran en contacto, y que no conocieran a Dios. Deseaba que Dios lo hiciera diferente a los que no lo conocían. Le dijo a Dios: "¿Y en qué se conocerá aquí que he hallado gracia en tus ojos, yo y tu pueblo, sino en que tú andes con nosotros, y que yo y tu pueblo seamos apartados de todos los pueblos que están sobre la faz de la tierra?" (Éxodo 33:16).

¿Qué es lo que nos hace diferentes? La presencia de Dios es lo que nos distingue y separa de todos los demás. Dios comprendió la petición de Moisés y le hizo esta promesa:

> Y Jehová dijo a Moisés: También haré esto que has dicho, por cuanto has hallado gracia en mis ojos, y te he conocido por tu nombre.
>
> — ÉXODO 33:17

Lo que aparece a continuación es el relato del encuentro más increíble entre Moisés y Dios. Cuando Moisés halló favor con Dios y recibió su promesa en el versículo 17, dio un paso más. Tomó su vida en sus propias manos y le pidió a Dios algo que nadie se había atrevido a pedirle antes:

> El entonces dijo: *Te ruego que me muestres tu gloria.*
>
> — ÉXODO 33:18, CURSIVA DEL AUTOR

Moisés no se limita a orar, sino que le suplica a Dios que le muestre su gloria. Le dice: "Por favor". ¿Por qué es tan poderosa la oración de Moisés? Por supuesto, estaba dispuesto a pagar el precio. Estaba dispuesto a morir por aquello. Quería la gloria de Dios, aunque le costara su propia vida. Piénselo. ¿Está dispuesto a pagar el precio?

Él acababa de llegar a un lugar donde nadie había estado antes. Le había abierto la puerta a la gloria de Dios para que quedara a disposición del hombre. Gracias a su ruego, nosotros podemos atravesar todos la puerta para experimentar la gloria de Dios. El hambre que Dios vio en Moisés le tocó el corazón, y en lugar de enojarse, se conmovió por su amigo. Es una gran lección que debemos aprender. Dios se esconde de los satisfechos, pero se les manifiesta a los hambrientos. Observe la tenacidad de Moisés. Dios le comenzó a presentar a Moisés otros aspectos de sí mismo, pero él no se sentía satisfecho con las cosas que le estaba ofreciendo (vea Éxodo 33:19-23).

"Haré que toda mi bondad pase ante ti."
¡Eso no es lo que ando buscando!
"Proclamaré el nombre de Jehová delante de ti."
¡No, gracias!
"Seré bondadoso contigo."
¡No!
"Tendré compasión de ti."
Está muy bien, pero no.
Moisés no estaba satisfecho con aquellas cosas.
"Tú no puedes ver mi rostro, porque ningún hombre me
       verá y vivirá."
¡Yo sé que parece algo loco, pero quiero ver tu gloria!

> Y dijo aún Jehová: He aquí un lugar junto a mí, y tú estarás sobre la peña; y cuando pase mi gloria, yo te pondré en una hendidura de la peña, y te cubriré con mi mano hasta que haya pasado. Después apartaré mi mano, y verás mis espaldas; mas no se verá mi rostro.
>
> — ÉXODO 33:21-23

Dios le dio a Moisés lo que deseaba con todas sus fuerzas: le permitió llegar tan cerca de la gloria de Dios como podía, sin perder la vida.

La gloria de Dios tiene el poder de transformarnos. Cuando Moisés descendió del monte después de este encuentro, estaba cambiado. Su rostro brillaba; tanto, que el pueblo le tenía miedo. Recuerde que Moisés había tenido muchos encuentros con Dios en su vida, desde la zarza ardiente hasta todos los milagros que Dios había hecho por medio de él. Desde las plagas de Egipto y la liberación de los hijos de Israel, hasta el paso por el mar Rojo... el maná diario que caía del cielo, y el agua de la roca... la nube de día y el fuego de noche... había visto los milagros y el poder de Dios más que ningún otro ser humano. Pero él también sabía que había más que esperar de Dios.

> ## La clase de hambre que busca Dios no es un hambre por su poder milagroso; Dios busca gente que tenga hambre de Él mismo.

Cuando Moisés se encontró con la gloria de Dios, ésta lo transformó. Su rostro no resplandecía con la gloria de Dios cuando había dividido el mar Rojo, pero sí resplandeció cuando anhelaba a Dios mismo. La gloria de Dios produce cambios, y cuando Él le permite experimentarla, los que lo rodean sabrán que usted es diferente.

Hoy en día, muchos de nosotros nos conformamos con mucho menos de lo que Dios nos quiere dar. Los milagros son maravillosos, y por supuesto que los necesitamos. Pero aunque Dios sació el hambre de los israelitas con su milagrosa provisión diaria de maná bajado del cielo, ellos despreciaron muy pronto aquel maná y se olvidaron del milagro. La clase de hambre que busca Dios no es un hambre por su poder milagroso; Dios busca gente que tenga hambre de Él mismo. Sólo entonces podremos probar su gloria en nuestra vida.

La fe de Moisés

Dios le quiere revelar toda su bondad, como parte de la revelación de su gloria. ¿Cuál era el ingrediente clave del hambre que tenía Moisés por recibir más de Dios? Moisés nunca estaba satisfecho con sus experiencias del pasado. Clamaba pidiendo más; algo que nosotros, como Iglesia, necesitamos hacer con toda urgencia. Él es un Dios al que le agrada revelarse a los hambrientos, pero se esconde de los que se hallan satisfechos y se han contentado con lo que tienen.

Dios vendrá de Temán,
Y el Santo desde el monte de Parán.
Su gloria cubrió los cielos,
Y la tierra se llenó de su alabanza.
Y el resplandor fue como la luz;
Rayos brillantes salían de su mano,
Y allí estaba escondido su poder.

— HABACUC 3:3-4

"Te ruego que me muestres tu gloria." Esta clase de hambre que tenía Moisés movió tanto a Dios, porque era la petición mayor que hombre alguna le hubiera hecho jamás. Moisés no le podía pedir nada más grande.

- Era una gran fe la que había llenado el corazón de Abraham cuando permaneció ante el Señor, intercediendo por dos ciudades, antes de que su juicio fuera llevado a cabo (vea Génesis 18).
- Era una gran fe la que había llenado el corazón de Jacob mientras luchaba con el ángel y le decía: "No te dejaré, si no me bendices" (vea Génesis 32).
- Era una gran fe la que había llenado el corazón de Elías cuando oraba para pedirle a Dios que abriera los cielos y enviara la lluvia (vea 1 Reyes 18).

La oración de Moisés para que hiciera descender su gloria manifestaba una medida de fe mayor que todos estos ejemplos. El cielo no había escuchado aquellas palabras nunca antes. Era la mayor petición que un ser humano le podía hacer jamás a Dios: "Te ruego que me muestres tu gloria". Moisés se destacó así, alzándose hasta un nivel que nunca antes se había visto. Su petición sobrepasaba las hechas por todos los hombres, antes o después de él.

Esta clase de fe es el nivel mayor y más alto de fe que podemos llegar a anhelar. Era una fe llena de osadía. No era una fe para conseguir cosas de Dios, sino una fe que creía que la gloria de Dios se le podía revelar. Tengo en el corazón un hambre urgente por encontrar este tipo de fe en mi vida.

Permítame hablarle de algunas de las cosas que he aprendido

estudiando la vida de Moisés y su anhelo por Dios. Este tipo de fe no se produce sólo gracias a la confesión. No aparece sólo porque nosotros la pidamos el domingo por la mañana durante el culto. Donde no hay pasión por conocer a Dios, nuestra fe es usada en conseguir *cosas* de Él, en lugar de llegar *al corazón y voluntad de Dios* para nuestra vida.

Moisés tenía una comunión íntima con Dios.

Moisés no pidió que se le revelara la gloria de Dios, sin antes calcular el precio. Se lo podía pedir a Dios, porque había pasado tiempo con Él en su presencia. Es muy importante que comprendamos que Moisés acababa de pasar cuarenta días en la presencia de Dios, antes de pedirle que se le revelara su gloria. Esta nueva relación con Dios comenzó con un encuentro en la zarza ardiente, cuando se quitó sus sandalias y pisó suelo santo. La santidad debe preceder a la revelación de la gloria de Dios. Dios hablaba con Moisés cara a cara, como un hombre habla con su amigo.

Moisés recibió una nueva revelación de la gracia de Dios.

El tiempo que Moisés pasaba en la presencia de Dios, produjo una nueva clase de revelación de la gracia divina en su vida.

> Ahora, pues, si he hallado gracia en tus ojos, te ruego que me muestres ahora tu camino, para que te conozca.
>
> — ÉXODO 33:13

Moisés estaba dispuesto a hacer lo que fuera necesario para conocer a Dios. Por eso oró: "Muéstrame ahora tu camino, para que te conozca". Un capítulo antes, Dios estaba tan enojado con los hijos de Israel, que los iba a destruir: "Entonces Jehová dijo a Moisés: Anda, desciende, porque tu pueblo que sacaste de la tierra de Egipto se ha corrompido" (Éxodo 32:7). Me imagino a Moisés allí de pie, pensando: *¿Que mi pueblo se ha corrompido? ¿El pueblo que yo saqué de Egipto?*

Dios le hizo ver con toda claridad que estaba enojado con su pueblo. Le dijo:

> Pronto se han apartado del camino que yo les mandé; se

> han hecho un becerro de fundición, y lo han adorado, y le han ofrecido sacrificios, y han dicho: Israel, estos son tus dioses, que te sacaron de la tierra de Egipto. Dijo más Jehová a Moisés: Yo he visto a este pueblo, que por cierto es pueblo de dura cerviz. Ahora, pues, déjame que se encienda mi ira en ellos, y los consuma; *y de ti yo haré una nación grande.*
>
> — ÉXODO 32:8-10, CURSIVA DEL AUTOR

Dios quería destruir hasta el último de los israelitas, y hacer de Moisés una gran nación. ¡Aquello sí que era una oportunidad que le estaba cayendo en las manos! Cualquiera creería que Moisés estaba pensando: *¡Qué gran oportunidad de librarme de esta pandilla de quejicosos y altaneros!*. Sin embargo, no era eso lo que pensaba Moisés. Se había olvidado de su propia herencia, para preocuparse de la herencia de Dios en ellos.

> Entonces Moisés oró en presencia de Jehová su Dios, y dijo: Oh Jehová, ¿por qué se encenderá tu furor contra tu pueblo, que tú sacaste de la tierra de Egipto con gran poder y con mano fuerte? *¿Por qué han de hablar los egipcios, diciendo: Para mal los sacó, para matarlos en los montes, y para raerlos de sobre la faz de la tierra?* Vuélvete del ardor de *tu* ira, y arrepiéntete de este mal contra *tu* pueblo. Acuérdate de Abraham, de Isaac y de Israel tus siervos, a los cuales has jurado por ti mismo, y les has dicho: Yo multiplicaré vuestra descendencia como las estrellas del cielo; y daré a vuestra descendencia toda esta tierra de que he hablado, y la tomarán por heredad para siempre. Entonces Jehová se arrepintió del mal que dijo que había de hacer a su pueblo.
>
> — ÉXODO 32:11-14, CURSIVA DEL AUTOR

En estos últimos meses, con cada día que pasa hay algo que se está formando en mi corazón, que me indica que Dios está a punto de tocarnos con su gloria de una forma más profunda. La mejor forma de describir esto es compararlo con una profunda fuente de gozo en mi corazón, que está comenzando a burbujear. Vamos a ver la bondad de Dios, como nunca antes. Mi momento diario con el Señor comienza ahora proclamando que su bondad se está revelando en mi vida. "Hubiera yo desmayado, si no creyese que veré la bondad de Jehová en la tierra de los vivientes" (Salmo 27:13).

La bondad de Dios no es Su gloria, sino sólo el comienzo de ella.

La bondad de Dios no es su gloria, sino sólo el comienzo de ella. Cantamos acerca de ella, y la vemos, pero creo que estamos a punto de experimentarla como nunca antes. Dios es bueno, y esa es su gloria mayor.

> Y le respondió: Yo haré pasar *todo* mi bien delante de tu rostro, y proclamaré el nombre de Jehová delante de ti; y tendré misericordia del que tendré misericordia, y seré clemente para con el que seré clemente.
>
> — ÉXODO 33:19, CURSIVA DEL AUTOR

Su bondad no está completa en el hecho de que Él es sólo un Dios bueno. La bondad de Dios significa lo mejor de Él, su belleza, su gozo, su alegría y su búsqueda del bienestar de usted. Es el momento de pedirle que aumente la capacidad de nuestros corazones para conocerle. Amigo, no me canso de decirlo: "Lo mejor está por llegar". Dios le va a dar a conocer su bondad, sólo porque Él es bueno. Mientras más le entreguemos nuestro corazón, mayor capacidad tendrá para recibir de Él.

Moisés no vio pasar una forma frente a Él, sino que *Dios le concedió audiencia*. Fue una audiencia, no con su persona, sino con una manifestación de su bondad, el atributo por donde comienza su gloria.

> Con el misericordioso te mostrarás misericordioso,
> Y recto para con el hombre íntegro.
> Limpio te mostrarás para con el limpio,
> Y severo serás para con el perverso.
>
> — SALMO 18:25-26

Moisés oró diciendo: "Muéstrame tu gloria".

Dios le contestó: "Moisés, voy a hacer que toda mi bondad pase ante ti". Dios no le mostró su presencia, su santidad, su poder ni su ira, sino que *le mostró su bondad.*

El peso de la gloria de Dios

Veamos una última imagen de la gloria de Dios.

> En el año que murió el rey Uzías vi yo al Señor sentado sobre un trono alto y sublime, y sus faldas llenaban el templo. Por encima de él había serafines; cada uno tenía seis alas; con dos cubrían sus rostros, con dos cubrían sus pies, y con dos volaban. Y el uno al otro daba voces, diciendo:
> "Santo, santo, santo, Jehová de los ejércitos; toda la tierra está llena de su gloria."
>
> — ISAÍAS 6:1-3

Aquí, la palabra que expresa la gloria de Dios es *kabod*, que significa "hacer pesado; la pesada gloria de Dios". Hablamos de una persona importante, diciendo que es alguien de peso. Mientras lo adoraban los serafines, sus faldas —su gloria— llenaban el templo, y los marcos de la puerta temblaban bajo el peso, el esplendor, su gloria. ¿A qué se parecía? ¿Cómo nos podemos imaginar lo que estaba sucediendo allí?

Permítame ayudarle a visualizar esta escena. La *gloria* se refiere a la honra, la importancia, el peso de alguien muy poderoso. Imagínese que es usted mismo el que está en el palacio. Se ha reunido con la corte real y se halla en el salón del palacio, esperando la llegada del rey.

Junto a la puerta se hallan de pie los heraldos reales, que anuncian la llegada de todos los huéspedes de importancia. Llegan estos Condes. Llegan aquellos Príncipes. El salón está lleno de una atmósfera de expectación y emoción. Han estado tocando música. Los huéspedes han ido llegando. Se puede sentir por todo el salón el peso de esta ocasión tan importante.

Entonces, los heraldos tocan sus trompetas. De repente, la atmósfera queda cargada de electricidad. Como los serafines, como los ángeles, como la nube de testigos, los heraldos anuncian la llegada del rey. Toda la charla... toda la preparación... toda la edificación, los decorados y la música, han sido sólo un preludio de este momento: la llegada del rey.

El rey está a la puerta. Los marcos de la puerta tiemblan. Todas las cabezas se vuelven hacia él; todas las personas se inclinan en reverencia y respeto. Ha llegado el rey, en toda su gloria. Ya puede comenzar la danza.

Así sucede con nuestra adoración. Cuando adoramos, llega un momento *kairós* en el cual se tocan el cielo y la tierra. Lo invisible se vuelve visible. Toda carne ha muerto. Nos hemos convertido en sacrificios vivos. Nos hemos arrepentido y hemos muerto a nosotros mismos. Todo lo que importa es ver al Rey, saludar al Esposo que está a punto de llegar para danzar con su esposa.

La danza de la verdadera adoración comienza ante el trono de Dios.

Ahora, el rey nos da la bienvenida a su gloriosa presencia, y nos invita, diciéndonos: "Danza conmigo". Y así comienza la danza de la verdadera adoración ante el trono de Dios. El Esposo y la esposa danzan, el Padre ríe, sonríe y se regocija. En ese momento, habremos besado el rostro de Dios.

Para besar el rostro de Dios...

1. Reciba a Jesús. Revístase de su gloria.
2. Pídale que su gloria se refleje en la vida de usted.
3. Mantenga pura su motivación en cuanto le pida.
4. Mientras adora a Jesús, véalo revestirlo de su gloria.
5. Permita que su gloria lo transforme.
6. En su gloriosa presencia, acepte la invitación a danzar.
7. Mientras danza con Él, bese su rostro.

Capítulo 7
La gloria venidera

Ahora que conoce algo acerca de lo que es la gloria de Dios, quiero compartir con usted lo que pienso que Dios nos tiene preparado para los próximos años.

Una madrugada tuve un sueño increíble. En el sueño veía un hermoso y fértil campo de color verde oscuro; el más hermoso que había visto. Aquel largo campo estaba rodeado por colinas llenas de árboles a cada lado. Estaba asombrado ante la hermosura del campo. A la distancia, caminaban por el campo muchas personas, no solas, sino en grupos. Parecían unidas; venían como un ejército en marcha.

De repente, el campo comenzó a resplandecer con una luz. Miré hacia arriba para descubrir la fuente de esa luz. Era una nube luminosa que se cernía como el rocío sobre aquellas personas. Todo lo que pude hacer fue quedarme de pie con todos ellos, incapaz de moverme, y mirando a la luz. Mientras miraba hacia arriba, vi como cilindros de luz que comenzaban a descender del cielo hasta las personas. La luz comenzó a cubrirlas, una a una. Cada persona quedaba cubierta de la cabeza a los pies y, como un tornado, todas eran levantadas y llevadas a la nube luminosa.

Yo comencé a grita: "¡Jesús ya viene! ¡Jesús ya viene! ¿Será esto la Segunda Venida de Jesús?"

Entonces oí que el Espíritu de Dios me decía: "Hijo, esto no es la Segunda Venida. Los cilindros de luz son mi gloria que vendrá para cubrir a mi pueblo. Mi pueblo está llegando al campo, que está enriquecido con mi Palabra, y visitaré a mi Iglesia de nuevo con mi gloria".

Se aproximan tiempos de cambio

Cada vez que se acerca un final de año, me tomo un tiempo en oración para oír la voz del Espíritu Santo acerca de lo que vendrá. Me encierro con el propósito concreto de escuchar su voz. Le pregunto: "¿Qué quiere hacer Dios en mi vida, en mi familia y en nuestra iglesia este año que viene?"

Creo que hemos entrado en unos tiempos de grandes cambios. Algunos de esos cambios van a ser prácticos, mientras que otros serán espirituales, con el fin de prepararnos para la gloria que vendrá.

Tal como decía en el capítulo anterior, la Iglesia está llegando a un tiempo de hambre personal y corporativa de Dios como nunca antes hemos visto. Este tipo de hambre va a ser la puerta de entrada para que la gloria de Dios toque a su pueblo. La gente cada vez se siente más insatisfecha de vivir en sus experiencias con Dios en el pasado. Esta hambre va a liberar un nuevo nivel de la gloria de Dios en la tierra.

El pueblo tiene hambre, y los líderes de las iglesias se sienten cada vez más hambrientos. Es frecuente que sean los jóvenes los que abran el camino con esta clase de hambre. Hasta los pequeños quieren más de Dios. Muchos líderes no están seguros sobre qué hacer o hacia dónde volverse; sólo saben que deben acudir a Judas. No hay programa de iglesia que pueda satisfacer a la gente. El simple hecho de escribir sobre esto hace que se me agüen los ojos y me hace suspirar por tener más de Él en mi vida.

Al estudiar algunas de las veces que Dios se movió en el pasado, veo que parece haber un esquema que se va desarrollando. Dios se mueve, el pueblo responde, los líderes son equipados, y se organizan. Desarrollan una forma y un método para decir lo que les ha sucedido. Entonces se vuelven un poco más capacitados y organizados, pero eso los hace rígidos. Lo que termina sucediendo es que apagan la vida de Dios, y cuando Él se mueve de una forma fresca y nueva, a muchos se les hace muy difícil moverse con Él.

El *combustible* del avivamiento es la Palabra de Dios.

El *fuego* del avivamiento es el Espíritu de Dios.

El *futuro* del avivamiento es la experiencia de la presencia de Dios.

Si no es así, las cosas que suelen detener el avivamiento son *el hombre, el movimiento, la maquinaria y el monumento.*

Esta gloria que vendrá nos llevará de quedar tendidos en el suelo a caminar en el Espíritu. Ya no somos una generación que busca su mano, sino una generación que busca su rostro. Este ámbito no tendrá que ver con las manifestaciones del Espíritu Santo, sino con *su persona.* Una posición de hambre sin precedentes crecerá en el corazón del pueblo de Dios, que deseará más de Dios mismo. A nosotros nos parecerá un lugar donde no hay mapa para guiarse, pero Él sabe dónde nos lleva, y cómo llegar allí.

Ya no somos una generación que busca Su mano, sino una generación que busca Su rostro.

La gloria futura nos transformará

Como aprendimos de Moisés, los encuentros con la gloria de Dios producen cambios. Dios lo está buscando para transformarlo, y para hacer que se parezca a Él.

La palabra *gloria* se ha convertido en una especie de contraseña de los cristianos. En todas partes, la gente habla de la *gloria.* Las conferencias invitan a asistir para experimentar la *gloria.* Últimamente se están escribiendo y cantando más cantos acerca de la *gloria.*

Pero la mayoría de la gente evita lo que la gloria auténtica exige, que es el *cambio.* No quiero parecer arrogante ni amargado; todo lo que sucede es que tengo hambre de la verdadera gloria de Dios. Tengo hambre de la clase de gloria que transforma a los adoradores. Cuando llegue, para aquéllos que anhelan que llegue, los cultos nunca van a ser como antes. Hoy en día, son muchos los que van a la iglesia, pero pocos van a adorar. La verdadera adoración siempre tiene por consecuencia la transformación.

La verdadera adoración siempre tiene por consecuencia la transformación.

Aunque haya mucha gente cantando y gritando acerca del derramamiento de la gloria, ¿dónde está el cambio? Si es cierto que estamos experimentando la gloria de Dios, ¿por qué son tan pocos los sanados? ¿Por qué el porcentaje de divorcios dentro de la Iglesia es mayor que en el mundo secular? ¿Por qué lloran los adolescentes por las heridas que les ha causado un padre ausente o abusador?

Lo que voy a decir podrá sonar como una dura crítica, pero en mi corazón no hay ni un gramo de juicio crítico. Amo a los siervos de Dios. Sé que no debo tocar a los ungidos de Dios, ni hacerles daño a sus profetas (1 Crónicas 16:22). Sólo estoy tratando de comprender las cosas. En los programas de la televisión cristiana se pueden oír buenas predicaciones, cantos excelentes y gente que grita acerca de la gloria de Dios. Sin embargo, falta algo. Muchos predican con pasión mientras se secan el sudor. Gritan que Dios les ha dado una revelación de su gloria, pero la vida de su hogar es un desastre. ¿Por qué esa gloria de la cual predican no puede mantener unido su matrimonio? Siento preocupación por ellos en el corazón, y estoy orando por ellos, pero tiene que haber algo que anda mal.

Le tengo que atribuir parte de la responsabilidad a la Iglesia. Hay ovejas que prefieren tener los dones antes que la unción, el carisma en lugar del carácter, y buena predicación en lugar de integridad. A esas ovejas parece preocuparles poco el corazón del hombre de Dios, siempre que Dios les dé lo que quieren. Pasan por encima de las cuestiones de carácter e integridad, porque "el hombre es una máquina de predicar". ¡Qué triste!

Las revistas cristianas presentan anuncios a todo color que llenas las páginas con lemas como éstos: "La principal conferencia de alabanza y adoración en toda la nación", "Venga y experimente la gloria de Dios", o "Contágiese con la poderosa presencia de [*un famoso cantante cristiano*] en concierto". Nadie va a ser transformado en la presencia de un cantante, por ungido que sea. No hay conferencia alguna que pueda cambiar una vida. Sólo un encuentro con la gloria pura de Dios es capaz de transformarnos.

Oiga lo que le digo desde el corazón. Por supuesto, no estoy tratando de golpear a las revistas cristianas. Estoy suscrito a ellas y las disfruto de veras. Mi sugerencia es la siguiente: *No se pierda en medio de la sugestión*. La sugestión no lo va a cambiar, ni la buena predicación tampoco; las técnicas más formidables de mercadeo nunca lo van a cambiar. ¡Sólo la verdadera gloria de Dios lo va a cambiar!

Prepárese para *una gloria en aumento*. Dios lo ama tanto, que cada vez que entra en un nivel nuevo de gloria, le dice: "No deshagas las maletas, ni te pongas cómodo. Se aproxima un nivel más alto. No te familiarices con los alrededores, porque nos iremos pronto de este lugar".

No le tenga miedo al cambio. El curso del cambio en su vida le va a traer quebrantamiento y dependencia de Dios. De repente, las cosas en las que ha confiado le van a ser arrancadas; se habrán acabado las muletas. Yo he aprendido muchas lecciones en mi vida y mi ministerio. Una de esas lecciones que Dios ha demostrado en mi vida una y otra vez es ésta: *Dios nunca le quita nada a uno, sin darle algo mucho mayor a cambio*. Él quebranta para rehacer. Así que tranquilícese, porque todo esto forma parte del proceso. Él lo está quebrantando para hacerlo mucho mejor.

Uno de los grandes gozos de mi vida es jugar y entrenar hockey sobre hielo. Me encanta entrenar a mis hijos Costi y Mikey, y a los jovencitos a quienes les guste el juego y se quieran convertir en los mejores jugadores de hockey que les sea posible. Este principio lo aplico en todos los juegos y las prácticas. Quiero que los muchachos vean lo que pueden ser, en lugar de ver lo que son.

Tal vez comiencen la temporada incapaces de patinar hacia atrás, cruzar por ambos lados, o darle duro a la ficha. Ésa será la *realidad* ahora, pero la *verdad* es que cuando termine la temporada, todos jugarán estupendamente. Como soy su entrenador, yo puedo ver esto, pero lo divertido viene cuando son ellos los que comienzan a verlo. Ven la *realidad* de que les faltan habilidades, pero a medida que practican y se esfuerzan, va entrando la *verdad*, y comienzan a creer que sí pueden lograrlo. Cuando termina el año, patinan hacia atrás, cruzan de un lado a otro y encajan la ficha en la red. (De paso, le he preguntado al Señor si podía tener en el cielo una pista de patinaje en lugar de una mansión, así que si usted es fanático del hockey, ya sabe dónde vamos a jugar).

Dios es el mejor de los entrenadores. Él ve el final desde el principio. No lo ve a usted como incapaz, sino como capaz. Él puede hacer las cosas de forma sobreabundante, por encima de todo cuanto usted pueda pedir o pensar (Efesios 3:20). Está convirtiéndolo en lo que Él quiere que sea, para que haga lo que Él lo ha llamado a hacer para su reino.

Pero al mismo tiempo, prepárese: el enemigo va a hacer guerra para mantenerlo en su zona de comodidad. En el mismo instante en que usted experimente la gloria de Dios y esté listo para permitir que Él lo transforme y lo lleve al nivel siguiente, el enemigo le va a tirar todo encima; hasta el fregadero de la cocina. Pero Dios se asegurará de que no lo deje inconsciente (y hasta le va a comprar un fregadero nuevo).

¿Qué clases de "fregaderos" le va a tirar el enemigo? Básicamente, lo que hace es atacar con mentiras, puesto que él es el padre de la mentira. He aquí algunas de las mentiras que Satanás le va a tirar con el fin de detener los cambios que la gloria de Dios quiere realizar en usted:

- No puedes seguir adelante; tienes que darte por vencido.
- Nadie sufre tanto como tú.
- Tienes derecho a sentirte deprimido.
- Tienes derecho a llorarte la lástima.
- Es imposible recuperarse de esto.
- Todo el mundo está en contra tuya; sobre todo la gente de la iglesia.
- No le digas a nadie lo que te está pasando. Súfrelo solo.

- La luz que hay al final del túnel es un tren.
- Mátate. Nadie te va a echar de menos.

Estas cosas sólo son distracciones. Las distracciones son cosas que nos mantienen esclavizados a lo que no es importante. El antídoto a todas estas mentiras es una sencilla verdad:

Y sabemos que a los que aman a Dios, todas las cosas les ayudan a bien, esto es, a los que conforme a su propósito son llamados.

— ROMANOS 8:28

Aquí la clave es "los que aman a Dios". Ya es hora de que vuelva a su primer amor. Mejor dicho, a Aquél que lo amó primero.

El regreso a nuestro primer amor: Su presencia

Para experimentar la oleada de la gloria de Dios que se aproxima, debemos amar primero su presencia.

Dios nos llama como Iglesia para que regresemos a nuestro primer amor, que es su presencia viva. En el cuerpo de Cristo se están produciendo unos cambios de paradigmas de gran importancia. Nos estamos moviendo de un nivel de gloria al siguiente y, mientras esto sucede, una santa insatisfacción está llenando los corazones, y la gente se siente incómoda con lo que es en su caminar con Dios.

Debemos fijar nuestro rostro en Dios, como hizo Moisés. Dios nos está llamando a una entrega más profunda a Él. Es hora de dejar atrás nuestros viejos caminos y prepararnos para abrazar el aumento del Espíritu Santo que se aproxima. Ha llegado la hora de que todos nos comprometamos con mayor profundidad a caminar hacia Dios.

Regresar a nuestro primer amor significará...

- Un fuerte compromiso a ser buenos administradores de lo que Dios nos ha dado.
- Unos líderes que sirvan sin egoísmo.

- Que estemos dispuestos a aportar nuestro tiempo y recursos para alcanzar a las almas perdidas.
- Mayor intensidad y deseo de una adoración verdadera.
- Dedicación a la alianza matrimonial y a las familias sanas y saludables.
- Un amor más profundo por la presencia de Dios.

Hemos estado en un buen lugar, pero ahora la santa insatisfacción nos está sacando de ese lugar que ya nos es familiar. Estamos dejando nuestras zonas familiares y cómodas en la iglesia, el ministerio, la adoración, la oración, el evangelismo y la comunión. Dentro de nosotros hay algo que grita: "¡Tiene que haber más!"

Su presencia va a estar con nosotros durante todo el camino, tal como Él lo prometió (Mateo 28:20). No tendremos que luchar para alcanzar este lugar glorioso, sino que Dios será el que nos alcanzará a nosotros. No trabajaremos para llegar a este lugar de gloria; Dios es quien hará su obra de gloria en nosotros.

> Por tanto, nosotros todos, mirando a cara descubierta como en un espejo la gloria del Señor, somos transformados de gloria en gloria en la misma imagen, como por el Espíritu del Señor.
> — 2 Corintios 3:18

¿Cuándo nos equivocamos?

Nos salimos de nuestro camino cuando andamos tras sus *regalos* y no tras su *presencia*. Nos equivocamos cuando nuestro corazón y nuestra mente se centran más en nuestras necesidades personales, que en adorarlo. La vida de Moisés nos enseña que, aunque él había visto a Dios realizar milagros increíbles, aquello no había satisfecho su profunda hambre de Dios mismo. Si nos pasamos el tiempo pidiéndole respuestas a nuestras necesidades y nuestros deseos, esto no es adoración, sino imitación de adoración. (Es como la imitación de masa de cangrejo; una vez que usted ha probado la masa verdadera, no quiere saber nada de la otra). Nos desviamos cuando nuestros cantos de adoración se llenan de nuestras necesidades humanas, en lugar de hablar de Él. Como Moisés, nuestra motivación al buscar la gloria de Dios debe ser pura. Nuestro anhelo debe dirigirse a Él, y no a lo que Él pueda hacer por nosotros.

¿Qué va a suceder?

Estamos viviendo en nuestros días más emocionantes como creyentes. Estamos ascendiendo al monte de Dios y, como Moisés, estamos a punto de encontrarnos con Dios. Josué fue hasta la mitad del monte, pero la gloria estaba en la cima. Nos estamos acercando, no sólo en saber cosas acerca de su gloria, sino en conocer íntimamente esa gloria, encontrarnos con ella y dejar que nos transforme. Esta clase de conocimiento, el llamado *yadá*, es una de las palabras hebreas más importantes del Antiguo Testamento. Aparece novecientas cuarenta y cuatro veces. Una definición práctica de *yadá* sería: "La intimidad más fuerte posible entre dos personas, y el conocimiento adquirido a causa de esa intimidad; un conocimiento basado en un pacto, como el matrimonial". Es un conocimiento íntimo de Dios. Es un conocimiento basado en la experiencia. "Conoció [*yadá*] Adán a su mujer Eva, la cual concibió y dio a luz a Caín" (Génesis 4:1).

Nos salimos de nuestro camino cuando andamos tras sus *regalos* y no tras Su *presencia*.

Caer al suelo bajo el poder no puede producir este tipo de *conocimiento*. No le estoy preguntando si sabe cosas acerca de Dios. Le estoy preguntando: "¿Conoce a Dios íntimamente? ¿Está caminando con Él?" Sé de mucha gente que conoce un montón de cosas acerca de Dios, pero en realidad son muy pocos los que lo conocen a Él. Dios nos está llevando al ámbito más alto de su gloria en el que hayamos estado jamás. Estos días serán días de contemplar su gloria.

A fines de diciembre del año 2001, me retiré por un tiempo para buscar al Señor y oír su voy. He aquí algo de lo que Él me comenzó a mostrar y a hablar al corazón acerca del ámbito que se aproxima, y que se llama *gloria*.

Este tiempo es de preparación; son días de poner las cosas en orden. Estamos poniendo todas nuestras cosas en orden, porque vamos a dejar el lugar donde hemos estado. Dejaremos este ámbito con el que nos hemos familiarizado. Este viaje nos lleva de la fiesta de Pentecostés a la fiesta de los Tabernáculos, y allí, el Señor va a venir para estar con su pueblo. Él va a habitar en las alabanzas de su pueblo.

El Señor me mostró que vamos a tener una "experiencia de Aposento Alto" de nuevo; un día de Pentecostés para nuestro tiempo y generación.

Quiero comentar algo en una parte de Hechos 2, mientras comparto con usted este texto (la cursiva es mi comentario):

Cuando llegó el día de Pentecostés, estaban todos unánimes juntos. Y de repente vino del cielo un estruendo [*un nuevo sonido de adoración va a llenar la Iglesia: la adoración llena de* gloria] como de un viento recio que soplaba [*un nuevo viento llenó la casa, y el Espíritu Santo llenó a las personas*], el cual llenó toda la casa donde estaban sentados; y se les aparecieron lenguas repartidas, como de fuego, asentándose sobre cada uno de ellos. Y fueron todos llenos del Espíritu Santo, y comenzaron a hablar en otras lenguas, según el Espíritu les daba que hablasen.

— Hechos 2:1-4, cursiva del autor

El aposento alto se llenó de alabanzas, poder y extrañas manifestaciones. En la próxima "experiencia de Aposento Alto", éstos serán días en los cuales la gloria de Dios va a estar con su pueblo, y éste va a llenar los edificios con sus alabanzas. Va surgiendo el anhelo del salmista:

Una cosa he demandado a Jehová,
ésta buscaré;

Que esté yo en la casa de Jehová
todos los días de mi vida,
Para contemplar la hermosura de Jehová,
y para inquirir en su templo.

— Salmo 27:4

Dios, Dios mío eres tú;
De madrugada te buscaré;
Mi alma tiene sed de ti,
mi carne te anhela,
En tierra seca y árida
donde no hay aguas,
Para ver tu poder y tu gloria,
Así como te he mirado en el santuario.

— Salmo 63:1-2

Dios me habló al corazón las siguientes palabras:

> Estamos entrando en un nuevo ámbito, y va a ser nuevo para todos nosotros. No es un ámbito donde sólo algunos hayan caminado, sino donde todos caminaremos. Dios va a restaurar su gloria en su Iglesia en todos los que tienen hambre de Él. Esta gloria le va a traer unidad a la Iglesia, y al cuerpo de Cristo en general. También serán días de gracia. Los hambrientos van a hallar gracia y favor, porque una vez que hayan probado la gloria, no servirán para una vida común y corriente.

> Van a ser días de *santa insatisfacción*. Así como clamó Moisés, ellos también serán conocidos por su clamor: "Por favor, muéstrame tu gloria". El grito de "Por favor" va a ser igual al grito para pedir "gloria". No se contentarán con ver milagros, aunque van a ver muchos. No se contentarán con el fuego, aunque lo van a sentir. No se contentarán con ver señales y prodigios, sino que tendrán hambre de mí, y su clamor de "Quiero más" llenará mis atrios, y yo los satisfaré.

> En esos días, yo renovaré la fe de mi pueblo, y ellos verán mi poder en acción en sus vidas.

El Señor me mostró que va a liberar una dimensión sobrenatural de fe en esos días de hambre. El hambre va a liberar fe, y la fe va a liberar milagros mayores que cuanto hemos visto hasta ahora.

¡Prepárese! Los milagros se van a convertir en sucesos normales de su vida, mientras usted siente hambre por Dios y mantiene su rostro dirigido hacia Él.

La gloria de Dios va a ser restaurada en su santuario. El *temor reverencial* por Dios va a ser restaurado en su casa. Ese temor de su presencia le será restaurado en mayor medida a la Iglesia.

Entonces, nuestro corazón se hará eco de la pasión del salmista: "Para ver tu poder y tu gloria, así como te he mirado en el santuario" (Salmo 63:2).

Estamos entrando a este nuevo ámbito llamado *gloria*, y al entrar, las cosas comenzarán a cambiar en usted. Estos cambios comenzarán con un echar abajo antes de que comience en usted una nueva construcción. ¿Ha notado que siempre hace falta el doble de esfuerzo para echar abajo, que para edificar?

> Mira que te he puesto en este día sobre naciones y sobre reinos,
> para arrancar y para destruir,
> para arruinar y para derribar,
> para edificar y para plantar.
>
> — JEREMÍAS 1:10

Dios les va a hacer frente a cosas como la amargura, el resentimiento, la ira y la sensación de rechazo, porque esas cosas pertenecen a su pasado; no pueden seguir con usted. Esta gloria va a dividir entre puros e inmundos.

¡Lo mejor aún no ha llegado! Este ámbito futuro de Dios va a liberar nuevos sonidos y olores de adoración. La adoración va a tener un sonido y un aspecto diferentes. No habrá necesidad de celebrar cultos mensuales de sanidad, porque la sanidad se va a producir en todos los cultos. La gente ya no tendrá que esperar a que la toque el siervo de Dios, porque el Espíritu Santo la va a sanar durante la adoración. En lugar de estar llenos de programas y anuncios, los boletines van a estar llenos de testimonios sobre milagros. Los altares estarán repletos durante la adoración, y al mismo tiempo, el poder de Dios va a tocar a la gente con milagros. No va a hacer falta llamar a la gente, sino que van a acudir al altar para buscar su rostro y adorarlo por ser quien Él es.

Estamos desechando la adoración al estilo de *esto quiero de Dios*, para entrar en la adoración al estilo de *quiero a Dios*.

Estamos desechando la adoración al estilo de *esto quiero de Dios*, para entrar en la adoración al estilo de *quiero a Dios*. Cuando Dios mismo se convierta en el auditorio principal de nuestra adoración, la revelación sobre quién es Él en nosotros va a aumentar. En este lugar de adoración verdadera, la gloria de Dios y su voz son una y la misma. Es hora de poner las cosas en orden, y toco comienza por nuestro caminar personal con Cristo.

¿Cómo seremos transformados?

- De asistentes a conferencias, a adoradores.
- De buscadores de la gloria a proclamadores de "Cristo en nosotros, la esperanza de gloria.
- De cantores a compositores de nuevos cantos y cantos de amor.
- De gente que pide a gente que da.
- De aspirantes a puestos, a líderes siervos.
- De idolatrar a las estrellas cristianas, a glorificar al Creador de esas estrellas.
- De querer manifestaciones con oro, a ser refinados como oro puro.

¿Está listo para que la gloria que ha de venir lo transforme tanto, que pueda entrar humilde e íntimamente hasta su presencia y besar su rostro?

Para besar el rostro de Dios...

1. Conviértase en un sacrificio vivo, listo para ser transformado por su gloria.
2. Vuelva el rostro hacia Dios, y no hacia el hombre.
3. Prepárese para su propio Pentecostés.

4. Sálgase de su zona de comodidad para entrar en la santa insatisfacción.
5. Despréndase de los resentimientos, las amarguras y las heridas del pasado.
6. Celebre la libertad de la adoración al estilo de *yo quiero a Dios.*

Capítulo 8

Nacido de
nuevo...
otra vez

U na mañana, mientras oraba, le pregunté al Señor cómo debía ir llevando este libro a su conclusión. ¿Qué tiene Él en su corazón con respecto al final del libro? Al cabo de poco tiempo, el Espíritu Santo me recordó el día en que recibí a Jesús en mi corazón. En 1974, le entregué mi corazón a Jesús estando de pie en la habitación de mi hermano Benny.

Han pasado veintiocho años, pero parece como si hubiera sido ayer. Estaba junto a su escritorio, donde él estudiaba la Biblia. Me senté junto al escritorio. Tenía su Biblia abierta, y lo que atrajo mi vista fue que estaba llena de colores. Él coloreaba cada versículo con un color distinto, según su significado. Poco después, entro él y me preguntó qué estaba haciendo. Le dije que sólo estaba mirando su Biblia, y le pregunté por qué usaba todos esos colores distintos. Me habló de todos los colores y su significado, y después me hizo la pregunta más importante de toda mi vida.

"Sam", me dijo, "¿Le quieres entregar tu corazón a Jesús?"

Yo le contesté: "Sí, Benny, le quiero entregar mi corazón a Jesús". Benny me tomó de la mano y me dirigió en la oración del pecador. Cuando terminamos de orar, me pidió que orara, y yo dije: "Señor Jesús, te pido que entres a mi corazón, te encierres en él y tires la llave".

Hasta el día de hoy, ésa es la oración más grandiosa que haya hecho jamás. Tanto Benny como yo la recordamos, como si hubiera sido ayer.

Mi hermano Benny ha tocado mi vida de muchas formas. Su amor por Jesús me ha dado alientos a lo largo de toda mi vida. Para él, todo tiene que ver con Jesús. He visto muy de cerca su entrega y su sacrificio, y que venga lo que venga, nunca se da por vencido. Benny es un hombre consagrado de veras al Señor. Su corazón a favor de los que sufren es más grande que todo este mundo. Considero mi honra y privilegio más grandes el servir a Jesús con él. Benny siempre me da ánimo recordándome: "Sam, todos tenemos el mismo Jefe; lo que hacemos, lo hacemos para Jesús". El mayor regalo que Benny me ha dado, me lo dio aquel día maravilloso, cuando me tomó de la mano y me llevó a los pies de Jesús.

Quiero tomar un instante para decirle algo aquí a mi hermano.

Benny, no tengo palabras para expresar mis sentimientos y amor por ti. A lo largo de los años, me has dicho muchas cosas que han alentado mi vida y ministerio. Pero sin lugar a dudas, las palabras más maravillosas que me has dicho son las que me dijiste cuando recibí a Jesús en mi corazón. Benny, gracias por tu consagración al Señor, y por las miles de vidas que el amor de Dios ha tocado a través de ti.

Cuando asisto a esas campañas y veo los milagros de la gente que es sanada por el poder de Dios, tus palabras resuenan con fuerza en mi corazón: "El mayor de los milagros no es físico. El mayor milagro es cuando alguien le entrega su corazón a Jesús". Gracias por ministrarle a tantos miles. Gracias por haberme ayudado a mí. Gracias por haber compartido a Jesús conmigo. Sólo Él sabe el impacto que has tenido. ¡Realmente, es el mayor de los milagros! Benny, te amo con todo el corazón.

Jesús viene

El Señor me ha bendecido con una maravillosa familia, y con todos mis hermanos y hermanas. La mayor bendición de mi familia ha sido mi madre. Esta mujer de Dios ha sido nuestra ancla y nuestro fundamento firme. Mi mamá ha consagrado su vida a orar por sus hijos y nietos. Todas las mañanas ora durante varias horas, y le pide a Dios que nos use a todos para su gloria. En todas las crisis importantes, ha estado presente con unas palabras del Señor para consolarnos. Dios le dio a esta familia en mi madre un tesoro. Su entrega al Señor y a nosotros ha sido nuestra columna de fortaleza y buen ejemplo. Una de las cosas que espero con agrado cada mañana es llamarla para oír, muchas veces a través de las lágrimas, lo que el Señor le ha mostrado esa mañana.

Durante años, al final de cada llamada telefónica, la he oído decir: "Hijo, Jesús viene pronto".

"Sí, mamá", asiento yo, "Jesús viene pronto"

Pero en mi corazón, me he preguntado: *¿Estoy realmente listo para su venida?* En mi corazón quiero realmente que venga, pero después pienso en mi esposa y mis hijos. Son tantas las cosas que aún quiero hacer con ellos. Quiero ver a mis hijos ya crecidos y sirviendo al Señor. Quiero envejecer con mi esposa y disfrutar de nuestros últimos años juntos. Para serle sincero, me he sentido como que me harían una mala pasada si Jesús viniera demasiado pronto.

Un domingo por la mañana, en el culto de nuestra iglesia, una maravillosa sierva de Dios llamada Fuchsia Pickett ministró con un poderoso mensaje. Ministró hablando de la esposa de Cristo, que se prepara para el Esposo. La presencia de Dios al final del culto era muy fuerte. El Señor me comenzó a recordar lo que mi madre me ha estado diciendo durante años: "Hijo, Jesús viene pronto; Jesús viene". Ahora, era el Espíritu Santo el que me confrontaba sobre esto de pensar en que se retarde su venida. Verá. Yo sabía que Jesús viene. En mi corazón, lo creía realmente, pero siempre lo había considerado como algo que sucederá dentro de mucho tiempo. En aquellos momentos, mientras hablaba Fuchsia Pickett, me estaba enfrentando a la realidad: "¿Y si Jesús viniera esta noche? ¿Y si se abren los cielos, y Jesús me llama al hogar esta misma noche?"

¿Le pasa esto a usted? Cuando Él vuelva, ¿en qué estado lo encontrará? ¿Está listo para su regreso? En ese momento no habrá tiempo para enderezar las cosas con aquellas personas a las que haya herido. No habrá tiempo para arreglar su vida de oración. No habrá tiempo para decirle a alguien que siente haberlo ofendido.

Amigo mío, no le puedo hacer ninguna pregunta que sea mayor ni más importante. Los tiempos son breves. Éste es el momento de arreglar las cosas. ¿Está viviendo hoy como si Él volviera esta noche? ¿Ha pensado que su venida se retarda, y al hacerlo, ha perdido su entrega a Él? Lo animo a vivir cada día como si Él fuera a regresar en la noche. Su venida podría estar más cercana de lo que usted cree.

> ## ¿Ha pensado que Su venida se retarda, y al hacerlo, ha perdido su entrega a Él?

Arregle su situación con Dios

En enero de 2002, el Señor me había llamado a hacer un ayuno extenso. No estaba seguro sobre la cantidad de tiempo, pero sí sabía que era el Señor quien me había llamado a hacerlo. Un martes por la mañana temprano, poco después de haber comenzado a ayunar, me desperté llorando. Había tenido un sueño, y en este sueño me veía vacío por dentro. En el sueño estaba gritando: "Señor, vacíame".

Enseguida me levanté y me fui a mi oficina. No paraba de llorar. No sabía por qué me sentía tan vacío. Todo lo que sabía era que estaba sucediendo algo dentro de mí. Cuando entré a la oficina, no pude dejar de orar y clamar a Dios: "Vacíame; tómalo todo, todo lo que he sabido jamás sobre ti. Quiero conocerte más correctamente ahora, que nunca antes; llévate todo lo bueno y todo lo malo. Llena todo ese espacio vacío contigo mismo. Quiero tener más espacio para ti, Señor. Gracias por todo lo que has hecho por mí en el pasado, pero quiero todo lo que me puedas dar ahora mismo".

Regresar; revivir; restaurar

En aquel momento, le volví a dar mi corazón a Jesús. Esta vez, estaba sentado frente a mi propio escritorio, con mi propia Biblia, y le entregué todo a Él de nuevo. Aquella mañana, le di mi corazón, mi familia, mi ministerio, mi vida... todo lo que tenía. Abrí la Biblia y le pedía Dios que confirmara lo que me estaba sucediendo, y lo que vi en el sueño tomado de su Palabra. Éste fue el pasaje que captó mi vista desde las páginas de la Biblia:

Venid y volvamos a Jehová;
porque él arrebató, y nos curará;
hirió, y nos vendará.
Nos dará vida después de dos días;
en el tercer día nos resucitará,
y viviremos delante de él.
Y conoceremos,
y proseguiremos en conocer a Jehová;
como el alba está dispuesta su salida,
y vendrá a nosotros como la lluvia,
como la lluvia tardía y temprana a la tierra.

— OSEAS 6:1-3

Había nacido de nuevo... otra vez. Mi vida cambió de nuevo. Esta vez no fue un hombre el que me guió; fue Dios, que me estaba llamando a un lugar más profundo con Él. Aquella mañana cambió todo en mi relación con Dios. Así que le doy ánimo: Si quiere conocerle, todo comienza por regresar a Él.

No estoy seguro de que haya nadie totalmente satisfecho en su relación con Dios. Todo cuanto usted quiere, todo cuanto necesita, comienza aquí mismo: "Venid y volvamos a Jehová". Ya nacimos de nuevo una vez, pero lo está esperando una relación mayor con Dios. Si quiere más de Dios, debe venir y volver a Él. Así comienza este gran viaje. No lo podrá conocer hasta que vuelva a Él.

Si quiere más de Dios, debe venir y volver a Él.

Cuando vuelva, tráigase todo consigo: pecado, vergüenza, culpa, dolor, heridas, ofensas. Que Él lo oiga decir: "Padre, te ruego que me perdones por todas estas cosas que he estado llevando en mi corazón. Quiero más de ti en mi vida, y estas cosas han sido impedimentos". Mientras no se enfrente a estas cuestiones, su caminar con Dios va a ser como una montaña rusa cristiana. Ya es hora de bajarse del aparato.

Dios promete que "si confesamos nuestros pecados, él es fiel y justo para perdonar nuestros pecados, y limpiarnos de toda maldad." (1 Juan 1:9).

"Nos dará vida después de dos días"

Dentro de usted comenzará a burbujear algo. Un avivamiento acaba de empezar. Este avivamiento no se produce en ningún edificio, iglesia o ciudad. Ni siquiera tiene que salir de su casa. Una fuente de vida fluye en lo más profundo de su corazón. Usted regresa; Él lo revive.

En el tercer día nos resucitará,
y viviremos delante de él.

— OSEAS 6:2

Ésa es la clave. Dios quiere que usted se quede, en lugar de hacerle una visita. ¿Cómo se puede conocer a alguien si no se está en su presencia? Dios quiere que usted venga a vivir delante de su vista. Es lo mismo que le dijo a Moisés. "Entonces Jehová dijo a Moisés: Sube a mí al monte, y espera allá" (Éxodo 24:12). Moisés llegó a conocer a Dios en la cima del monte. Si usted quiere experimentar la gloria de Dios, tiene que subir y quedarse. No hay revelación de la gloria a mediados de camino. Estar cerca de la cima no es suficiente. Tiene que subir hasta allí, si quiere conocerlo. Vamos a examinar con mayor detenimiento este texto de Oseas 6.

Y conoceremos,
y proseguiremos en conocer a Jehová;
como el alba está dispuesta su salida,
y vendrá a nosotros como la lluvia,
como la lluvia tardía y temprana a la tierra.

— OSEAS 6:1-3

En 2 Pedro 1:2-3 leemos estas palabras:

Gracia y paz os sean multiplicadas, en el conocimiento de
Dios y de nuestro Señor Jesús. Como todas las cosas que
pertenecen a la vida y a la piedad nos han sido dadas por
su divino poder, mediante el conocimiento de aquel que
nos llamó por su gloria y excelencia.

Busque la gracia y la paz como evidencias sobre si usted está viviendo o no delante de su rostro.

Cuando lo conozca, la gracia y la paz llenarán su vida. Estas
cosas forman parte de los dones que Él da como consecuencia de
conocerlo. Busque el fruto de la gracia y paz en su relación con
Dios. Si no los tiene, necesita volver a Él. El fruto no brota porque
usted asista fielmente a la iglesia, o porque escuche música de adoración mientras se dirige en su auto al trabajo. El fruto brota
porque usted lo conoce de una forma real e íntima. Es muy sencillo. Busque la gracia y la paz como evidencias sobre si usted está
viviendo o no delante de su rostro.

> Como todas las cosas que pertenecen a la vida y a la piedad
> nos han sido dadas por su divino poder, mediante el cono-
> cimiento de aquel que nos llamó por su gloria y excelencia.
> — 2 Pedro 1:3

Todo lo pertinente a la vida y la santidad viene por medio del
conocimiento de Él. Si usted lo conoce, tendrá todo lo que necesita.
Porque lo conoce, conocerá su corazón y sus anhelos. Pero no
podrá tener estos dones, a menos que "venga y vuelva".

> Y esta es la vida eterna: que te conozcan a ti, el único Dios
> verdadero, y a Jesucristo, a quien has enviado.
> — Juan 17:3

"Y ésta es la vida eterna"; no la vida, sino la vida de intimidad, la
vida eterna. No es necesario morir e ir al cielo para conocerle.
Usted puede experimentar la vida eterna ahora mismo. Comienza
aquí y ahora mismo. *Conocer* significa "percibir, reconocer, familiarizarse con algo y comprenderlo". Sólo quienes lo conocen pueden

confiar de manera total en Él. Cuando usted lo conozca, Él le dará a conocer su gloria.

El apóstol Pablo, al que Jesús se le apareció más de una vez, fue llevado al tercer cielo. Él, a quien el Señor le había enseñado directamente en el desierto, y que escribió cerca de la mitad de los libros del Nuevo Testamento, conocía a Dios como pocos. Si este hombre, que conocía a Dios hasta ese punto, dijo: "a fin de conocerle, y el poder de su resurrección, y la participación de sus padecimientos, llegando a ser semejante a él en su muerte" (Filipenses 3:10), entonces podemos estar seguros de que nosotros también necesitamos conocer a Cristo con mayor profundidad.

Si usted quiere experimentar el poder de la resurrección, esté listo para la comunión del sufrimiento. Si quiere conocerle como lo conoció Pablo, esté dispuesto a entrar en el mismo compromiso. Si quiere lo que página quiere, esté preparado para caminar donde él caminó.

> Pero cuantas cosas eran para mí ganancia, las he estimado como pérdida por amor de Cristo. Y ciertamente, aun estimo todas las cosas como pérdida por la excelencia del conocimiento de Cristo Jesús, mi Señor, por amor del cual lo he perdido todo, y lo tengo por basura, para ganar a Cristo, y ser hallado en él.
>
> — FILIPENSES 3:7-9

Pablo dijo que no le importaba morir o seguir viviendo. Su grito era: "¡Quiero conocer a Jesús!" ¿Cuántos de nosotros están dispuestos a tomar esa clase de decisión?

Dios promete que cuando usted tenga intimidad con Él, Él vendrá, tan seguro como que el sol sale por la mañana. Vendrá a usted como la lluvia. Este tipo de conocimiento no se produce porque usted haya asistido a un buen culto.

"Conozcamos; busquemos..." Si quiere conocerle, debe ir en su busca.

Acérquese lo suficiente para besar Su rostro

Para que el Dios de nuestro Señor Jesucristo, el Padre de

gloria, os dé espíritu de sabiduría y de revelación en el conocimiento de él.

— EFESIOS 1:17

El Espíritu Santo

La persona del Espíritu Santo, quien es el espíritu de sabiduría, le revelará a Dios. El Espíritu Santo lo sabe todo acerca de Dios, y sólo Él puede revelar el corazón del Padre, porque procede del Padre. El Espíritu Santo, que lo conoce todo, tiene la capacidad de revelarlo todo también. Necesitamos conocerlo para conocer a Dios.

> Pero cuando venga el Espíritu de verdad, él os guiará a toda la verdad; porque no hablará por su propia cuenta, sino que hablará todo lo que oyere, y os hará saber las cosas que habrán de venir.
>
> — JUAN 16:13

> Os he dicho estas cosas estando con vosotros.26 Mas el Consolador, el Espíritu Santo, a quien el Padre enviará en mi nombre, él os enseñará todas las cosas, y os recordará todo lo que yo os he dicho.
>
> — JUAN 14:25-26

Señor Jesús, te doy gracias por el Espíritu Santo. Maravilloso Espíritu Santo, abre nuestros ojos y revélanos al Padre; acércanos, acércanos mucho, para que podamos besar su rostro.

La oración

> Por lo cual también nosotros, desde el día que lo oímos, no cesamos de orar por vosotros, y de pedir que seáis llenos del conocimiento de su voluntad en toda sabiduría e inteligencia espiritual, para que andéis como es digno del Señor, agradándole en todo, llevando fruto en toda buena obra, y creciendo en el conocimiento de Dios.
>
> — COLOSENSES 1:9-10

Señor Jesús, te pido fuego nuevo de tu Espíritu Santo para que incendie nuestra adoración y nuestra oración; fuego nuevo en nuestra entrega y consagración a vivir sólo para tu gloria.

El caminar con Dios

Ahora, pues, si he hallado gracia en tus ojos, te ruego que me muestres ahora tu camino, para que te conozca, y halle gracia en tus ojos; y mira que esta gente es pueblo tuyo. Y él dijo: Mi presencia irá contigo, y te daré descanso.

— Éxodo 33:13-14

Esté quieto

Estad quietos, y conoced que yo soy Dios.

— Salmo 46:10

Conocer, *yadá*, indica un conocimiento basado en un pacto, en un conocimiento íntimo de Dios. ¡Es un conocimiento nacido de la experiencia! "Estar quieto" significa dejar de luchar; cuando usted se esté quieto en lugar de estar luchando, lo conocerá. "Es necesario que él crezca, pero que yo mengüe" (Juan 3:30).

Señor Jesús, te pido que nos enseñes a estar quietos y a dejar de luchar para alcanzar el éxito. Enséñanos a detenernos para ver la salvación de nuestro Dios. Señor, ponemos en ti nuestra confianza. Y a Aquél que es capaz de hacer incomparablemente más de coto cuanto pedimos o nos imaginamos, según su poder que está obrando en nosotros, le decimos: ¡Te amamos, Espíritu Santo!

Ande con la gente que le conviene

La gente lo puede *afectar* o *infectar*. Así que asegúrese de que se rodea de gente que lo lleve a su futuro, y no a su pasado.

Y él mismo constituyó a unos, apóstoles; a otros, profetas; a otros, evangelistas; a otros, pastores y maestros, a fin de perfeccionar a los santos para la obra del ministerio, para la edificación del cuerpo de Cristo, hasta que todos lleguemos a la unidad de la fe y del conocimiento del Hijo de Dios, a un varón perfecto, a la medida de la estatura de la plenitud de Cristo.

— Efesios 4:11-13

Señor, te doy gracias por todos los que te sirven con corazón puro. Te pido que haya líderes y mentores santos que equipen a cuantos deseen ser usados en tu reino, de tal manera que tu gloria res-

plandezca a través de ellos mientras alcanzan a otros.

Pida, busque y llame

Y yo os digo: Pedid, y se os dará; buscad, y hallaréis; llamad, y se os abrirá.

— LUCAS 11:9

Pida lo que anhela tener; busque lo que no puede ver; llame hasta que desaparezca de su camino el último obstáculo.

Pida + busque + llame = PIDA

> *Señor Jesús, te pido que eches abajo cuanto obstáculo se interponga en el camino de la respuesta a la oración. Danos la osadía de Abraham, quien fue capaz de hablar contigo cara a cara. Padre, danos el corazón hambriento de Moisés. No permitas nunca que nos conformemos con ver señales y prodigios. Señor Jesús, no tenemos hambre de milagros; tenemos hambre de hablar contigo cara a cara, como un hombre hablaría con su amigo.*

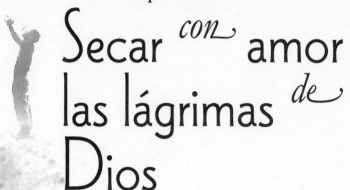

Capítulo 9

Secar con amor las lágrimas de Dios

Cada vez que termina un día, nos hallamos un día más cerca del regreso del Señor. Cada momento que pasa, sus anhelos se convierten más en nuestros, y su pasión nos va invadiendo el corazón. A los que tenemos hambre, el Señor nos está definiendo nuestros días con su amor por las almas perdidas. Cada experiencia con Jesús sólo tiene por propósito acercarnos más a su corazón. Yo creo que el verdadero avivamiento comienza cuando la Gran Comisión se convierte en nuestra misión.

La emoción embarga mi corazón, y con cada experiencia viene un amor mayor y un ansia de más de Él en mi vida. No sé por qué Él sigue haciendo estas cosas en mi vida, como no sea para que les sirva de bendición y aliento a otros. El mismo Dios que ha tocado mi vida, tocará la suya. Él no hace acepción de personas. Esto sé: Es un privilegio servirle. Servirle es el mayor honor que puede experimentar una persona. Mi vida ha sido un proceso en el que he caminado con Dios mientras el Espíritu Santo va penetrando cada vez más hondo en mi corazón, con los deseos y planes de Dios para mi vida.

Antes bien, como está escrito:
Cosas que ojo no vio, ni oído oyó,

Ni han subido en corazón de hombre,
Son las que Dios ha preparado para los que le aman.
— 1 Corintios 2:9

Una experiencia reciente fue el paso más definidor y doloroso que he dado en mi caminar con el Señor. ¿Se ha sentido usted alguna vez con ganas de renunciar a todo? Ése es exactamente el lugar al que había llegado en mi vida. No en cuanto a echarlo todo a rodar acerca de mi vida, mi ministerio o mi familia, sino con respecto a mi caminar con el Señor. Amo el ministrarles a Él y a su pueblo, pero me sentía muy vacío por dentro. Nunca antes en mi vida había sentido aquel vacío, e hice todo lo que sabía hacer. Era fiel en la adoración, pero no recibía respuesta. Ayunaba y oraba, pero seguía sin respuesta. Cada vez que tenía oportunidad, iba al altar con corazón puro y clamaba a Dios: "Por favor, muéstrame... dime... ¿por qué me siento tan vacío por dentro?"

Nunca antes había sentido este tipo de vacío interior. No quería renunciar, porque no se puede renunciar al ministerio. Pero sentía que si eso era todo lo que significaba ir a la iglesia y estar en el ministerio, prefería salirme de todo. Sentía que podía ministrar con la misma eficacia si trabajaba en una tienda de barrio, o de entrenador de hockey. Sabía que tenía que haber más con respecto a Dios, pero quería saber cuál era la pieza que faltaba en mi corazón.

El amor de Dios por las almas perdidas

Hace algunos meses, mientras oraba por la mañana, el Señor me hizo una pregunta que nunca antes le había oído hacer. Me dijo: "¿Me quieres entregar tu fe para llamar a las cosas que no son como si fueran, o quieres darme tu fe para hablarle a la gente de mí?" esta pregunta no sólo cambió mi vida... de nuevo, sino que también me estremeció. Sabía que yo era quien tenía que escoger. Mientras meditaba en la importancia de esta pregunta, sentí su peso sobre el corazón. Me pareció que pasaban los minutos, pero al cabo de unos pocos segundos, le dije: "Señor, quiero fe para hablarle a la gente de ti".

"Señor, quiero fe para hablarle a la gente de ti."

En el mismo momento en que salieron esas palabras de mi boca, se sacudieron los cimientos mismos de mi vida, experiencia que me es difícil explicar, aun ahora. Se abrió dentro de mí un verdadero pozo de lágrimas. En los últimos meses he derramado más lágrimas por las almas perdidas, que todas las que he derramado antes si las pudiera reunir.

A la mañana siguiente, un hombre con el que no había hablado en cerca de tres años, me llamó a mi teléfono celular. No conocía al Señor, y estaba pasando por un momento difícil en su vida. Yo no tenía idea de cómo había averiguado el número de mi teléfono. Me preguntó si nos podíamos reunir enseguida, diciéndome: "No sé con quién más puedo hablar de esto, y confío en usted".

Sostuvimos una breve reunión mientras tomábamos café. Él me dijo: "Lo he estado observando durante años. Lo he observado cerca de sus hijos y su familia, y me he dado cuenta de que usted es un cristiano genuino". Me abrió su corazón y compartió conmigo lo que le estaba pasando con su familia. Su mundo se estaba derrumbando. Yo le comencé a hablar de lo mucho que Jesús lo ama, y los ojos se le fueron llenando de lágrimas mientras yo compartía el amor de Jesús con él.

En mi mente, había estado pensando lo que le iba a decir: "Vea... Aquí fue donde usted cometió el error, y éstos son los pasos para arreglar las cosas". Pero no podía decir esas palabras. Sabía que no era el momento adecuado para analizar su situación e indicarle el primer paso, el segundo y el tercero. Era el momento para compartir con él acerca de su mayor necesidad: tener una relación personal con Jesús. Oré con él para que recibiera a Jesús y le di instrucciones sobre su caminar con Dios.

Cuando me despedí y volví a mi auto, comencé a llorar, sin saber exactamente por qué. Me quedé por un momento en el auto, mientras oraba y trataba de recuperar la compostura. Le pregunté al Señor: "¿Por qué siento esta angustia en el corazón?"

El Señor me recordó una situación concreta que surgió mientras aquel hombre estaba compartiendo su dolor conmigo. "Estuviste a punto de echarlo todo a perder", me dijo. "Mientras él te estaba hablando de su angustia, tú estabas pensando en lo que le debías decir".

De inmediato le pedí al Señor que me perdonara y que me diera su corazón por las almas perdidas. En estos últimos meses he aprendido que todos aquéllos con los que entramos en contacto, quieren que los amen; sobre todo los que no conocen a Jesús. El corazón de Dios quiere alcanzar a las almas perdidas. Son muchos los que necesitan que se los rescate de las garras del infierno. Tanto en mi vida, como en la suya, el mayor de los llamados es el de ser ganador de almas, como lo era Jesús.

Esta experiencia me ayudó a comprender que todo tiene que ver con las almas. Es lo que había estado faltando en mi adoración. Esta revelación me ayudó a definir por qué adoro. Es lo que había estado faltando cuando predicando la Palabra de Dios, que tanto amo. Es la razón por la que me gusta ministrarle a las personas. Les puedo hablar de Jesús y de su amor por ellas. Era la joya que había estado faltando en mi vida.

Les puedo hablar de Jesús y de Su amor por ellas. Era la joya que había estado faltando en mi vida.

No nos reunimos para exhibirnos, ni para alardear sobre la cantidad de reuniones a las que hemos asistido, la cantidad de personas que se han sanado porque nosotros oramos por ellas, o la cantidad de escamas de oro que nos brillan en la cara. Nos reunimos con el fin de alcanzar para Jesús a las almas perdidas. Desde que Dios hizo nacer esta revelación en lo más profundo de mi espíritu, debo ser sincero con usted: mi corazón se ha sentido muy frustrado con todos esos viciosos de avivamiento que se pasan la vida corriendo de un culto de avivamiento a otro. Van de río en río, de arroyo en arroyo, de charco en charco y, sí, de iglesia en iglesia. Estos enviciados (no todos) andan a la caza de las señales y las profecías, de este río y aquél. Les encanta defender su punto de vista. Eso está bien, pero muchos de ellos no pueden ni recordar la última vez que llevaron a alguien a los pies de Jesús.

Avivamiento y evangelismo

Cuando vuelva el Señor, va a volver para una cosecha de los últimos tiempos, no para un avivamiento de los últimos tiempos. La Iglesia va a estar cosechando, no en avivamiento.

El *avivamiento* consiste en reavivar algo que vivía y tenía vida en el pasado. No se puede reavivar lo que nunca ha vivido. Es para los cristianos que ya han aceptado a Cristo como Salvador, pero han perdido el fuego y se han vuelto tibios en su relación con Él. ¡Éstos son los que necesitan un avivamiento! El avivamiento se produce dentro del edificio que llamamos iglesia. Éste es un lugar donde la gente recibe el poder del Espíritu Santo.

Fuera de las iglesias se trata de evangelismo. El *evangelismo* consiste en darles nueva vida a los que están muertos en sus transgresiones y pecados. Estas personas nunca han tenido la vida de Dios antes. "Y él os dio vida a vosotros, cuando estabais muertos en vuestros delitos y pecados" (Efesios 2:1).

El Señor nunca nos ha llamado a quedarnos en el Aposento Alto

Hay quienes llevan años en el Aposento Alto y se han perdido numerosas oportunidades de compartir a Jesús con las personas que sufren. Mientras la gente se sigue yendo al infierno, tal vez incluso dentro de su propia familia, ellos siguen postrados en el suelo, o a la caza del próximo mover de Dios. (Perdone que hable con tanta franqueza).

No estoy diciendo que no deba disfrutar del Aposento Alto, *pero en algún momento es necesario que salga*. Los discípulos no se quedaron. Recibieron el poder de Dios, y se lanzaron a la calle. Moisés no se quedó en la cima del monte después de haber tenido un encuentro con la gloria de Dios. Descendió de inmediato y le ministró al pueblo.

No es hora de que nos quedemos en el Aposento Alto. Tenemos

que salir a recoger la cosecha, que es abundante. Hay un trabajo que hacer para el Señor. Si no salimos a recoger esa cosecha, el Aposento Alto habrá sido en vano.

Si no salimos a recoger esa cosecha, el Aposento Alto habrá sido en vano.

¿Se da cuenta de que está a punto de ver la mayor cosecha de almas que van a ser salvas? El Señor lo va a levantar como trabajador en esta cosecha. Va a ver salvos a sus parientes, amigos, compañeros de trabajo, e incluso ese jefe que es tan difícil. ¡No deje a nadie por imposible! Es hora de salir del Aposento Alto para compartir el amor de Jesús con todo el mundo, y en todas partes. ¡Ha llegado el momento de la cosecha!

Cree en el Señor Jesucristo, y serás salvo, tú y tu casa.

— Hechos 16:31

Es hora de recoger la cosecha.

Hace poco, durante un culto de un domingo por la mañana, el Señor me permitió tener una rápida visión que tenía que ver con las almas perdidas. Vi una serie de puertas situadas en línea recta. En cada puerta había un letrero. Los letreros decían: "Bendiciones", "Prosperidad", "Riquezas", "Fe", "Sanidad" y "Favor". Frente a cada puerta había miles de personas de pie. Algunas gritaban para que se abrieran las puertas. Había quienes agitaban un puño y recitaban textos bíblicos, mientras les ordenaban a las puertas que se abrieran. Otros estaban orando y llorando, suplicándoles que se abrieran. Otros profetizaban. Pero ninguna de las puertas se abría.

El Señor me habló al corazón y me dijo: "Detrás de esas puertas hay una cantidad incalculable de bendiciones; bendiciones como nunca antes han visto ellos. Pero les quiero decir que esas puertas no se abrirán mientras no tengan mi corazón hacia las almas perdidas. Cuando toquen mi corazón con las almas perdidas, yo tocaré el corazón de ellos con mis bendiciones". En el momento en que Dios le dé su corazón —no *un* corazón que sienta por las almas perdidas, sino *su* corazón, y lo que siente por ellas—, lo estará preparando para ver sus bendiciones y caminar en medio de ellas; *de todas ellas.*

> ## La presencia y la unción de Dios más grandes que usted va a sentir jamás, van a ser cuando esté llevando a alguien a los pies de Jesús.

La presencia y la unción de Dios más grandes que usted va a sentir jamás, van a ser cuando esté llevando a alguien a los pies de Jesús. Ése es el mayor de todos los privilegios que Él nos ha dado. En nuestra vida cristiana pasamos mucho tiempo estudiando, orando, adorando y confraternizando, pero ¿cuánto tiempo pasamos compartiendo a Jesús con otras personas? La Gran Comisión se debe convertir en nuestra misión.

Aquella mañana, le hice un desafío a nuestra iglesia. En una semana hay ciento sesenta y ocho horas. Yo les pedí a los miembros de la congregación que entregaran una hora por semana, o diez minutos al día, a la Gran Comisión. Sólo hace falta una hora por semana para compartir en amor de Jesús con la gente que sufre. La congregación aceptó mi desafío, y la gente de nuestra iglesia ha visto suceder cosas increíbles en cuanto a gente que ha sido salva y sana como consecuencia de sus esfuerzos.

Despertados para testificar

Demos un rápido recorrido por la Palabra de Dios. Permita mientras lo hacemos que su Palabra lo inspire. La razón por la que me encanta hablarle a la gente de Jesús es porque Él es mi motivación.

> Mas Dios muestra su amor para con nosotros, en que siendo aún pecadores, Cristo murió por nosotros. Pues mucho más, estando ya justificados en su sangre, por él seremos salvos de la ira.
>
> — Romanos 5:8-9

¿Cómo me puedo quedar sin hablarles del amor de Dios? Los

latidos del corazón de Dios son los que me mueven a hablarles.

El ser humano está perdido sin Jesús.

Jesús vino a buscar y salvar lo que se había perdido. Estaba continuamente buscando a los que sufrían, los afligidos y atormentados. En su vida, tenía una sola meta: había venido a redimir a la humanidad para sí mismo. Jesús vino a salvar a los seres humanos. Ésta era su primera y última misión. A su primer grupo de seguidores les dijo: "Venid en pos de mí, y os haré pescadores de hombres" (Mateo 4:19).

La próxima vez que vaya a la tienda de víveres, observe a la persona que está en la contadora, o al joven que le lleva las compras al auto. Cuando veamos que esas personas estarán perdidas por toda la eternidad si no tienen a Jesús, creo que las cosas van a cambiar. La única esperanza que tiene la humanidad es comprender quién es Jesús, y qué ha hecho Él por nosotros en la cruz. ¿Se puede imaginar cómo se sentiría si estuviera en el cielo con Jesús, y fuera de la puerta observa unos rostros familiares que lo miran y le gritan: "Tú lo sabías y nunca me lo dijiste? ¿Por qué no me hablaste de Jesús?" (Lea Lucas 16:19-31).

La cruz: la exhibición del amor de Dios

En la cruz es donde vemos reunirse la ira y el amor de Dios. En ella, Jesús tomó sobre sí la ira de Dios, porque nos amaba. Cuando usted se dé cuenta de lo mucho que Él ama al mundo, entonces todo lo demás que haga le va a ceder el primer lugar al evangelismo.

Los milagros deben ser señal para las almas perdidas.

Los milagros son una señal para que el creyente sepa que Jesús está vivo.

> Mas Pedro dijo: No tengo plata ni oro, pero lo que tengo te doy; en el nombre de Jesucristo de Nazaret, levántate y anda. Y tomándole por la mano derecha le levantó; y al momento se le afirmaron los pies y tobillos; y saltando, se puso en pie y anduvo; y entró con ellos en el templo, andando, y saltando, y alabando a Dios.
>
> — HECHOS 3:6-8

Una buena cantidad de los milagros más grandes deberían estarse produciendo en las calles, y no en un culto especial de sanidad un domingo por la noche. La gente no debería tener que esperar al culto del domingo, o a un estudio bíblico el miércoles por la noche para recibir su sanidad. Los milagros deberían formar parte de la vida diaria de todo creyente.

> Y ellos, saliendo, predicaron en todas partes, ayudándoles el Señor y confirmando la palabra con las señales que la seguían. Amén.
>
> — MARCOS 16:20

> Por tanto, se detuvieron allí mucho tiempo, hablando con denuedo, confiados en el Señor, el cual daba testimonio a la palabra de su gracia, concediendo que se hiciesen por las manos de ellos señales y prodigios.
>
> — HECHOS 14:3

Felipe predicó en la ciudad de Samaria, y el resultado fue que cuando la gente presenció los milagros que se produjeron, toda la ciudad fue sacudida para Dios.

> Entonces Felipe, descendiendo a la ciudad de Samaria, les predicaba a Cristo. Y la gente, unánime, escuchaba atentamente las cosas que decía Felipe, oyendo y viendo las señales que hacía. Porque de muchos que tenían espíritus inmundos, salían éstos dando grandes voces; y muchos paralíticos y cojos eran sanados; así que había gran gozo en aquella ciudad.
>
> — HECHOS 8:5-8

Necesitamos ver las necesidades de los demás

Es poco probable que la gente que no tiene a Jesús se vaya a presentar sin avisar a la puerta de su casa para decirle: "¿Puedo ir hoy con usted a la iglesia?" No van a estar tocando a su puerta para pedirles que ore por ellos. Lo cierto es que tal vez usted nunca sepa nada de ellos, aunque vivan en la casa de al lado. Nos es fácil ignorarlos, y olvidar de que tienen necesidad urgente de un Salvador.

Lucas 16 nos relata la historia del hombre rico que fue al infierno. En esta parábola aprendemos que no fue el hecho de que aquel hombre tuviera dinero o usara ropajes finos lo que enojó a Dios. Fue que no le preocupaban las necesidades de los demás. Dios estaba enojado con aquel hombre rico, porque él nunca vio al mendigo que se sentaba fuera de su puerta mientras él vivía en la tierra. El mendigo murió y fue al cielo, y el hombre rico murió para ser atormentado, y pasar la eternidad en el infierno (Lucas 16:19-31).

Nosotros tenemos unas riquezas mucho mayores que todas las riquezas de este mundo. Hemos sido bendecidos con "toda bendición espiritual en los lugares celestiales en Cristo" (Efesios 1:3). Necesitamos compartir las riquezas que hemos recibido con nuestros parientes, amigos, vecinos y compañeros de trabajo. Tenga cuidado, no sea que se llegue a centrar tanto en las experiencias al estilo de "bendíceme", que no note al mendigo espiritual que se halla junto a su puerta (vea Lucas 16:19-31).

Dios quiere que todos sean salvos

El Señor quiere que todos sean salvos, sin que le importe lo que nosotros pensemos de ellos. La importante lección que nos da la Gran Comisión es sencilla: Debemos tener el afán de llevar al cielo tanta gente como podamos. ¿Cómo podríamos conformarnos con menos?

Debemos tener el afán de llevar al cielo tanta gente como podamos. ¿Cómo podríamos conformarnos con menos?

Yo quiero oír que Jesús me dice: "¡Bien hecho!"

> Y su señor le dijo: Bien, buen siervo y fiel; sobre poco has sido fiel, sobre mucho te pondré; entra en el gozo de tu señor.
>
> — MATEO 25:21

Si no me preocupo por cumplir la Gran Comisión, sí, voy a llegar al cielo. Pero no debería estar esperando una gran recompensa. Complacer a Jesús debería convertirse en el mayor de nuestros anhelos. ¿Está dispuesto a ceder una hora por semana —diez minutos diarios— para influir a otros con el amor de Jesús? Hágalo porque ama a Jesús. Hágalo por tantos que van a ir al infierno, a menos que alguien le hable del amor de Jesús por ellos. Hágalo por una gente cuya única esperanza es llegar a oír el Evangelio.

> El Señor no retarda su promesa, según algunos la tienen por tardanza, sino que es paciente para con nosotros, no queriendo que ninguno perezca, sino que todos procedan al arrepentimiento.
>
> — 2 Pedro 3:9

Si nosotros no les hablamos, ¿cómo van a llegar a conocerle? Cada vez que un alma perdida se rinde a los pies del Señor, nosotros estamos borrando una lágrima más del rostro de Dios.

Capítulo 10

Creado *para* adorar

Hace poco, le entregué el original de este libro a mi editor, pensando que ya había acabado, y que había logrado finalizar el libro. Mi esposa y mis hijos me secuestraron, confiscaron mi teléfono celular y mi computadora, y nos marchamos a la playa para unas vacaciones que nos hacían mucha falta. Ellos querían tener de vuelta a su papá. Pasamos un tiempo estupendo juntos.

Sin embargo, en la primera noche, cuando nos preparábamos para dormir, algo se comenzó a agitar en mi corazón. Sabía que el Señor me estaba tratando de hablar sobre algo, pero ¿qué sería? Durante la noche, aquel mover no cesaba, sino que se volvía más intenso. Así que me levanté y comencé a orar, para preguntarle a Dios de qué se trataba.

El Espíritu Santo me habló en un susurro al corazón y me dijo: "Aún no has terminado de escribir. Hay un capítulo más que quiero que escribas. Háblales acerca de adorar a Jesús, y termina el libro animándolos, porque *lo mejor está aún por venir*".

La razón por la que escribí este libro es muy sencilla. No es para hacerme de un nombre, o para tener un libro que sea un éxito de ventas. La *única* razón es animarlo a usted en su caminar con el Señor Jesús. Le pido a Dios que use el libro para animarlo a mantenerse con hambre de Él. No importa por lo que usted esté pasando en estos momentos, porque el Señor me está moviendo en mi corazón a hacerle saber que...

¡Lo MEJOR está aún por venir!

Usted fue creado para adorar a Dios

Mas la hora viene, y ahora es, cuando los verdaderos adoradores adorarán al Padre en espíritu y en verdad; porque también el Padre tales adoradores busca que le adoren.

— JUAN 4:23

¿Se dio cuenta de que Jesús dijo que no es cuestión de *cuándo* usted adore, sino de *quién* adore? "Los verdaderos adoradores adorarán al Padre en espíritu y en verdad." Mientras no adoremos al Dios vivo y verdadero en el poder del Espíritu Santo, nos estaremos perdiendo el propósito fundamental de nuestra propia existencia, y estaremos adorando en vano al dios de este mundo.

Si no adoramos al Dios vivo y verdadero con el poder del Espíritu Santo, entonces adoraremos al dios de este mundo con sus espíritus malignos y falsificadores. Por eso, la guerra más fuerte que usted va a pelear jamás es la guerra de la adoración. Dios lo creó para que lo adorara a Él en espíritu y en verdad. Pero, Satanás quiere que lo adore a él y a sus espíritu falsificadores.

La adoración falsa

Satanás dijo: "Seré semejante a Dios".

Tú que decías en tu corazón:
Subiré al cielo; en lo alto,
junto a las estrellas de Dios, levantaré mi trono,
y en el monte del testimonio me sentaré,
a los lados del norte;
sobre las alturas de las nubes subiré,
y seré semejante al Altísimo.

— ISAÍAS 14:13-14

El enemigo pelea por conseguir su adoración. Desde el principio mismo, quiso ser dios y que lo adoraran como dios. La adoración verdadera le pertenece a Dios. Todo lo que puede ofrecer el enemigo es una adoración imitada. Satanás nunca podría llegar a ser Dios, pero quería que lo adoraran como a Él, así que preparó una imitación completa.

La adoración verdadera

Se lo explicaré. Usted fue creado para adorar a Dios, pero hasta que llegó a conocer a Jesús como Salvador personal, tenía el corazón lleno de imitaciones de adoración. Según Blas Pascal, filósofo y matemático cristiano, dentro de todos nosotros hay un vacío que tiene la forma de Dios.

¿Ha armado alguna vez un rompecabezas? ¿Ha tenido alguna vez un lugar vacío y ha encontrado una pieza que parecía perfecta para llenarlo? Sin embargo, por mucho que tratara... aunque usara todas sus fuerzas para hacerla encajar... la pieza que parecía la correcta no encajaba en el lugar que usted quería que llenara. Nada podía llenar ese lugar vacío, con excepción de *la pieza correcta del rompecabezas*.

Sólo el Dios vivo y verdadero, revelado en Jesucristo, puede llenar ese vacío con la forma de Dios que hay en nuestra vida. La adoración verdadera sólo se produce cuando el Espíritu del Dios viviente llena nuestra vacía vida.

La verdadera adoración sólo se produce cuando el Espíritu del Dios viviente llena nuestra vida vacía.

Hoy en día, la gente trata de llenar este vacío con la forma de Dios, usando toda clase de imitaciones de adoración, como los espectáculos, la imagen propia, las posesiones terrenales, la música, la profesión o el dinero. Sólo tiene que ponerse a ver televisión, y advertirá cómo los publicistas están conscientes de que la gente es capaz de adorar *cualquier cosa*. Llenas las ondas con comerciales e infomerciales sobre hacer que usted se vea y se sienta bien. Tratan de convencerlo de que no puede ser feliz con el aspecto que tiene, o la forma en que se siente, mientras no compre su producto. Todo está pensado para lograr que usted compre alguna cosa. Así han aparecido con todos los aparatos y trucos imaginables, desde las píldoras de dieta hasta las máquinas para fortalecer los abdominales; desde los cinturones hasta las máquinas de ejercicios, y todo para ayudarlo a tener mejor aspecto.

La falsa adoración tiene que ver siempre con verse y sentirse bien. Las imitaciones de adoración tienen que ver con verse bien. Pero la adoración falsa nunca va a satisfacer, ni llenar el vacío de los corazones que se sienten solitarios sin Jesús. Es importante hacer ejercicios, comer bien y tener una larga vida. Sin embargo, la razón de ser de nuestra existencia no es que nos midan por la cantidad de grasa que tengamos en el cuerpo. Hasta los más saludables pueden morir en una situación trágica inesperada. Sin Jesús, ¿qué más da?

Nacimos para morir, y todos moriremos una vez... y después el juicio. Pero Jesús murió por nosotros, no sólo para que llevemos una larga vida aquí en la tierra, sino también a fin de que vivamos eternamente con Él. (En el cielo no tendremos que contar las calorías, ni correr para hacer ejercicio. ¡Aleluya!)

¿Cómo era la adoración antes de la caída?

¿Se ha preguntado usted alguna vez cómo debe haber sido la adoración antes de la caída? Sólo hay dos pasajes principales de las Escrituras que describen el origen y la caída de Lucifer: Ezequiel 28:1-19 e Isaías 14:2-23. Veamos la relación que existe entre estos dos pasajes.

En Isaías vemos que Lucifer es el líder caído de la adoración celestial.

Descendió al Seol tu soberbia,
y el sonido de tus arpas;
gusanos serán tu cama,
y gusanos te cubrirán.
¡Cómo caíste del cielo,
oh Lucero, hijo de la mañana!
Cortado fuiste por tierra,
tú que debilitabas a las naciones.

Tú que decías en tu corazón:
Subiré al cielo; en lo alto, junto a las estrellas de Dios,
levantaré mi trono,
y en el monte del testimonio me sentaré,
a los lados del norte;
sobre las alturas de las nubes subiré,
y seré semejante al Altísimo.
Mas tú derribado eres hasta el Seol,
a los lados del abismo.

— Isaías 14:11-15

Ezequiel sigue describiendo así a Lucifer:

Vino a mí palabra de Jehová, diciendo:
Hijo de hombre, levanta endechas sobre el rey de Tiro, y
     dile: Así ha dicho Jehová el Señor:
Tú eras el sello de la perfección,
lleno de sabiduría, y acabado de hermosura.
En Edén, en el huerto de Dios estuviste;
de toda piedra preciosa era tu vestidura;
de cornerina, topacio, jaspe,
crisólito, berilo y ónice;
de zafiro, carbunclo, esmeralda y oro;
los primores de tus tamboriles y flautas
estuvieron preparados para ti en el día de tu creación.

Tú, querubín grande, protector,
yo te puse en el santo monte de Dios,
allí estuviste;
en medio de las piedras de fuego te paseabas.
Perfecto eras en todos tus caminos desde el día que fuiste
     creado,
hasta que se halló en ti maldad.

A causa de la multitud de tus contrataciones
fuiste lleno de iniquidad, y pecaste;
por lo que yo te eché
del monte de Dios,
y te arrojé de entre las piedras del fuego,
oh querubín protector.

— Ezequiel 28:11-16

El descriptivo lenguaje usado aquí acerca del rey de Tiro y el de Babilonia va más allá de lo que se podría aplicar a algún rey o gobernante terrenal, para señalar al rey que se hallaba tras esos reyes que gobernaban. En estos dos textos principales, vemos una descripción de Satanás antes de su caída.

Son muchos los teólogos que creen que la caída de Satanás se produjo antes de la creación del ser humano, y que fue echado de la presencia de Dios. Proponen la idea de que fue la caída de Satanás la que causó que la tierra entrara en el estado caótico que vemos en Génesis 1:1-2: "En el principio creó Dios los cielos y la tierra. Y la tierra estaba desordenada y vacía, y las tinieblas estaban sobre la faz del abismo, y el Espíritu de Dios se movía sobre la faz de las aguas". Alegan que Dios creó la tierra perfecta, y que, entre el primer versículo y el segundo tiene que haber sucedido algo para hacer que la tierra fuera de la perfección a un caos total. Ese *algo* habría sido la caída de Satanás.

Se le daba el nombre de Lucifer, que significa "estrella del día, o portador de luz". "Y no es maravilla, porque el mismo Satanás se disfraza como ángel de luz" (2 Corintios 11:14). Lucifer era el músico principal del cielo, y dirigía allí la adoración.

Lucifer era el portador de luz del cielo. Imagínese la gloria, y todos los colores que llenarían los cielos mientras la gloria de Dios —la luz misma de su ser, su iridiscencia de luces y colores— llenaba los cielos con unos espléndidos rayos luminosos. La gloria de Dios llegaba hasta Lucifer, y éste, como un espejo, reflejaba aquellos gloriosos colores y luces, que llenaban entonces los cielos. Por eso se le llamaba "portador de luz".

Lucifer era el querubín ungido que cubría el trono y estaba consagrado al Señor. Se consideraba a sí mismo como un ángel guardián protector, de forma muy similar a como el sumo sacerdote protegía el templo de Dios (Ezequiel 28:14-15).

Estuvo después en el Edén, el huerto de Dios (Ezequiel 28:13). Se acercó a Eva y Adán bajo la forma de una serpiente, con el fin de robarles su relación con Dios.

Estaba en el monte (o reino) santo de Dios, a los lados del norte. El *monte de Dios* tiene que ver con la adoración (Ezequiel

28:14; Salmo 48:1). Es muy importante comprender eso, y lo voy a volver a mencionar en este capítulo.

Estaba cubierto con piedras preciosas engastadas en oro. Imagínese el resplandor de estos hermosos colores: cornerina, topacio, jaspe, crisólito, berilo, ónice, zafiro, carbunclo y esmeralda, todos engastados en oro. Cuando llegaban hasta él la gloria y la luz de Dios, todas estas piedras y colores se iluminaban y reflejaban la luz desde su pectoral.

Desde el principio, el deseo de Dios fue que Lucifer estuviera vestido con un "vestido de luz" que reflejara e iluminara la gloria divina. Era la gloria que salía del trono de Dios la que le daba esa luz a Lucifer cuando estaba en el cielo.

José recibió de Jacob (Israel) su padre, como regalo, una túnica de colores.

> Y amaba Israel a José más que a todos sus hijos, porque lo había tenido en su vejez; y le hizo una túnica de diversos colores.
>
> — GÉNESIS 37:3

José era el hijo favorito de Jacob, su padre, y éste le hizo una túnica real de mangas largas y flotantes, que lo señalaba como el más favorecido. Lo había escogido para que fuera aquél a través del cual fluirían las bendiciones divinas. (Espero que ahora se esté dando cuenta de lo mucho que Dios lo ama). Así como Jacob proclamó su afecto por su hijo José al revestirlo con una túnica de diversos colores, que simbolizaba la honra de aquel padre, Dios, su Padre celestial, lo quiere revestir a usted con su túnica de colores, de manera que su unción se refleje en su vida, y por medio de ella. Esto es lo que el Padre le quiere regalar. Vamos a resplandecer como nunca antes.

Lucifer fue el líder de adoración del cielo, músico. El caído que había sido creado con música en su ser.

Lucifer fue el líder de adoración del cielo. El músico caído que había sido creado con música en su ser. "los primores de tus tamboriles y flautas estuvieron preparados para ti en el día de tu creación" (Ezequiel 28:13).

Aquellos instrumentos eran muestras de gozo. Gran parte de la "música" que se canta ahora, dista mucho de ser gozosa. Cuando fue creado Lucifer, dentro de su propio ser fue creado el sonido de los instrumentos. No andaba por el cielo con una guitarra en las manos, ni sentado tras el teclado de un piano para tocar música. *Él mismo era el instrumento.* Todos los sonidos fueron creados en él como parte de su voz y su música. Cada vez que respiraba, sonaban notas musicales (vea Isaías 14:11).

Lucifer caminaba en medio de las piedras de fuego. "En el santo monte de Dios, allí estuviste; en medio de las piedras de fuego te paseabas" (Ezequiel 28:14). Cuando he estudiado esto, he comprendido que cuando iba de un lado a otro en medio de las piedras de fuego, no se trataba de simples piedras, sino de centelleantes joyas llenas de luz que salían disparadas de detrás de él mientras caminaba. Al hallarse en la presencia de Dios, estas piedras de fuego resplandecían y centelleaban como el fuego debajo de él.

Dios creó a Lucifer para que fuera...

- El portador de luz de los cielos.
- El ungido querubín protector.
- El que cubría el trono de Dios en el Edén.
- El que estaba en el monte santo de Dios.
- El que estaba vestido con piedras preciosas engastadas en oro.
- El músico del cielo.

En Génesis 1:2 se dice de la tierra que estaba "desordenada y vacía, y las tinieblas estaban sobre la faz del abismo". En el versículo 3 leemos: "Y dijo Dios: Sea la luz; y fue la luz". Esta luz no era la del sol o la luna, porque Dios no creó el sol, la luna y las estrellas hasta el cuarto día (Génesis 1:14-18).

¿Qué era esta luz que puso orden donde sólo había caos? Pienso que esa luz era la iridiscente luz y gloria de Dios, que se estaba revelando en la tierra. Dios se limitó a liberar quien Él es y lo que Él es, y se manifestó la luz de su gloria. Todo lo desordenado volvió al orden y la restauración. Pero aquí no termina todo. El día que Él dijo: "Sea la luz", el sonido de una nueva música llenó la tierra. Aquella música fue liberada cuando los sonidos del cielo llenaron la tierra.

Dios es luz. No es una luz, sino la fuente misma de la luz.

La luz es una de las producciones más asombrosas del poder de Dios. Es la forma en que se descubren todas sus obras, porque Él es luz, y en Él no hay tinieblas. En el Nuevo Testamento leemos:

> Toda buena dádiva y todo don perfecto descienden de lo alto, del Padre de las luces, en el cual no hay mudanza, ni sombra de variación.
>
> — SANTIAGO 1:17

Cuando Dios varía, no hay sombra de variación. Esto quiere decir que cuando Dios se mueve, no se encuentra sombra alguna, porque Él es luz. Dios es luz. No es una luz, sino la fuente misma de la luz. "Este es el mensaje que hemos oído de él, y os anunciamos: Dios es luz, y no hay ningunas tinieblas en él" (1 Juan 1:5).

La luz de la adoración

En la creatividad de Dios existen numerosos detalles que nuestra mente limitada no puede comprender. Por ejemplo, si la "luz natural" viaja a razón de trescientos mil kilómetros por segundo, ¿a qué velocidad viaja la luz de Dios? ¿Cómo pudieron vivir los vegetales en el tercer día de la creación, antes de que fuera creado el sol? ¿Qué luz existía antes que el sol, y qué fuente luminosa usó Dios para distinguir los tres primeros días?

Los físicos y científicos han explicado que la luz viaja por el espacio a una velocidad de trescientos mil kilómetros por segundo. Cuando viaja a esa velocidad, va en ondas electromagnéticas u "ondas radiales". Cuando esta luz viaja por el espacio, tiene un umbral de audibilidad, dentro del cual se puede escuchar en forma de notas o tonos. La ciencia ha demostrado que hay una conexión entre la luz y la música. Son la misma cosa, sólo que en diferentes frecuencias del espectro luminoso. En los últimos cinco años, he disfrutado leyendo y recopilando información sobre el Espectro luminoso, el color del sonido, usando muchas fuentes distintas, como la obra de Sir Isaac Newton llamada *Opticks: Treatise of Reflections, Refractions, Inflections and Colours of Light,*[1] y la serie *The Nature of Science, Physics XI — The Light Fantastic.*[2]

Los seres humanos sólo podemos ver y oír el tres por ciento de todo el espectro luminoso del universo. Piense en esto: el noventa y siete por ciento de la luz y el sonido del espectro luminoso, no lo vemos, oímos ni comprendemos. Pero sólo porque uno no vea u oiga algo, eso no quiere decir que no exista. Los perros oyen en una frecuencia que no podemos oír los seres humanos. Los delfines en el mar escuchan frecuencias de sonido que nosotros nunca podríamos detectar sin instrumentos. Cuando Dios dijo: "Sea la luz", no sólo reveló su gloria, sino que también liberó música y un sonido nuevo en la tierra.

Si los seres humanos sólo vemos el tres por ciento de todo el espectro luminoso, ¿qué veríamos si Dios reajustara la visión humana hasta llevarla al setenta u ochenta por ciento? La forma en que enfocamos la adoración sería distinta por completo. Nunca volveríamos a adorar a Dios como antes. Dudo que interrumpiéramos los momentos de adoración corporativa para dar anuncios. Imagínese lo que sería la adoración, si usted pudiera ver todos los colores del espectro luminoso. Cuando comenzara el culto en la casa de Dios, los instrumentos comenzaran a sonar y el equipo de adoración comenzara a ministrarle al Señor, tendríamos el más grandioso de los espectáculos luminosos que hayamos visto jamás.

Recuerde que sólo porque usted no lo vea, eso no quiere decir que no exista. La adoración subiría a un nivel totalmente nuevo. El pueblo de Dios uniría sus voces con los instrumentos, y los cielos encima de nosotros se iluminarían con colores de alabanza y adoración. (Ya lo hacen; lo que sucede es que nosotros no lo vemos).

Y los levitas cantores, todos los de Asaf, los de Hemán y los de Jedutún, juntamente con sus hijos y sus hermanos, vestidos de lino fino, estaban con címbalos y salterios y arpas al oriente del altar; y con ellos ciento veinte sacerdotes que tocaban trompetas), cuando sonaban, pues, las trompetas, y cantaban todos a una, para alabar y dar gracias a Jehová, y a medida que alzaban la voz con trompetas y címbalos y otros instrumentos de música, y alababan a Jehová, diciendo:

Porque él es bueno,
porque su misericordia es para siempre;

entonces la casa se llenó de una nube, la casa de Jehová. Y no podían los sacerdotes estar allí para ministrar, por causa de la nube; porque la gloria de Jehová había llenado la casa de Dios.

— 2 CRÓNICAS 5:12-14

¡Aún falta lo mejor!

¿Qué sucede en la adoración, que nosotros no vemos?

Cuando el enemigo perdió su posición, Dios lo sacó de su presencia inmediata para siempre. Desde entonces, aquel lugar ya no le pertenece a Lucifer, sino que nos pertenece a nosotros. Dios se creó un pueblo, y ahora habita en sus alabanzas. Por eso, la mayor guerra que usted va a librar es la de la adoración. El enemigo detesta que usted adore a Dios. Le trae malos recuerdos sobre el lugar y la posición que una vez tuvo. Le sugiero que lea el Salmo 102:12-28; lo bendecirá.

El apóstol Pablo dijo en Efesios 6:12: "Porque no tenemos lucha contra sangre y carne, sino contra principados, contra potestades, contra los gobernadores de las tinieblas de este siglo, contra huestes espirituales de maldad en las regiones celestes".

¿Dónde están esos espíritus de las tinieblas? Encima de usted. Esos espíritus de maldad combaten contra usted a fin de impedir que adore a Dios. Lo único que puede disipar las tinieblas es la luz.

Cuando usted adora a Dios en espíritu y en verdad, su adoración llega hasta Dios y el enemigo como luz, abriéndose paso a través de las tinieblas procedentes del enemigo y sus espíritus de oscuridad. Jesús dijo: "Vosotros sois la luz del mundo; una ciudad asentada sobre un monte no se puede esconder" (Mateo 5:14). En ese gran acto suyo que es la creación, la luz fue su respuesta a la preponderancia de las tinieblas. Y cada vez que usted y yo comenzamos a adorar a Dios, aunque no lo veamos, su luz está destruyendo las tinieblas que hay encima de nosotros.

Porque Dios, que mandó que de las tinieblas resplandeciese la luz, es el que resplandeció en nuestros corazones, para iluminación del conocimiento de la gloria de Dios en la faz de Jesucristo.

— 2 CORINTIOS 4:6

En él estaba la vida, y la vida era la luz de los hombres. La luz en las tinieblas resplandece, y las tinieblas no prevalecieron contra ella.

— JUAN 1:4-5

La ciencia confirma la Palabra de Dios con sus descubrimientos acerca de la música y el sonido. No hace mucho, leía un artículo de Prensa Asociada, llamado "Qué está sucediendo en la ciencia: las ondas sonoras podrían ofrecer una cura no invasora para el cáncer". El artículo hablaba de la destrucción de tumores cancerosos en un aparato cilíndrico donde se lanzarían ondas ultrasonoras a lo más profundo de la zona cancerosa. Unos pequeños impulsos de calor enviarían rayos que cocinarían el tumor hasta matarlo, sin cortar la piel. Hay más evidencias científicas. La ciencia está haciendo descubrimientos sobre "los sonidos y colores equivalentes".

La música fue la forma en que David tuvo acceso a la presencia de Dios. "Escribe al ángel de la iglesia en Filadelfia: Esto dice el Santo, el Verdadero, el que tiene la llave de David, el que abre y ninguno cierra, y cierra y ninguno abre" (Apocalipsis 3:7).

En una escala musical hay siete tonos, al igual que hay siete colores principales en el espectro luminoso. Los investigadores han descubierto que la frecuencia espectrocrómica para el color *rojo* es la misma que tiene en la música la nota *Sol*. La frecuencia de cada nota musical tiene una frecuencia de color en el espectro luminoso, de manera que cada nota del teclado corresponde a un color diferente.

Si Dios nos dejara ver un poco más, veríamos un espectáculo de luz millones... billones de veces más espectacular que cuanto hayamos visto con nuestra visión limitada.

Imagínese los colores que presenta la música mientras la adoración llena la casa de Dios cuando el pianista comienza a tocar. No sólo una nota, sino acordes, y ahora se le unen la guitarra, la batería, el saxofón y todos los demás instrumentos. Si Dios nos dejara ver un poco más, ¿qué colores, qué prismas luminosos veríamos en la adoración? Veríamos un espectáculo de luz millones... billones de veces más espectacular que cuanto hayamos visto con nuestra visión limitada. Hace algunos años, un amigo mío me dio un libro llamado *Sound of Heaven, Symphony of Earth*, escrito por Ray Hughes (Morning Star Publications).[3] Este libro está repleto de revelación y profundidad acerca de la adoración, y me ha ministrado mucha vida.

Puso luego en mi boca cántico nuevo,
alabanza a nuestro Dios.
Verán esto muchos, y temerán,
Y confiarán en Jehová.

— SALMO 40:3

El monte santo de Dios

En la Palabra de Dios, los montes suelen tener que ver con lugares de adoración. Lucifer estuvo una vez en el santo monte de Dios, pero fue arrojado como inmundo, a causa de su rebelión (Ezequiel 28:16).

Cuando Jesús habitó en la tierra, tuvo un encuentro con Satanás en la cima de un monte, y el asunto entre manos era la adoración.

> Otra vez le llevó el diablo a un monte muy alto, y le mostró todos los reinos del mundo y la gloria de ellos, y le dijo: Todo esto te daré, si postrado me adorares. Entonces Jesús le dijo: Vete, Satanás, porque escrito está: Al Señor tu Dios adorarás, y a él sólo servirás. El diablo entonces le dejó; y he aquí vinieron ángeles y le servían.

> — MATEO 4:8-11

Satanás quería hacer un trato con Jesús a toda costa. Bastaba con que lo adorara, para que él le diera todos los reinos del mundo y su gloria. Esta última tentación en el desierto tenía que ver con la adoración, porque es la adoración la que gana a las naciones. La adoración falsificada les roba a las naciones el evangelismo auténtico. Desde el principio, Satanás quería que lo adoraran de la misma forma que había visto que adoraban a Dios.

Dios nos está llamando a subir al monte de la adoración. El primer lugar de la Biblia donde se menciona la adoración está relacionado con la subida de Abraham al monte para poner en el altar a su hijo Isaac (Génesis 22:5). El llamado que Dios nos hace a todos es a subir más alto. De usted depende lo alto que suba. Es usted quien escoge su elevación. Es usted quien decide lo alto que quiere ir en cuanto a Dios.

> Acontecerá en los postreros tiempos
> que el monte de la casa de Jehová
> será establecido por cabecera de montes,
> y más alto que los collados,
> y correrán a él los pueblos.
> Vendrán muchas naciones, y dirán:
> Venid, y subamos al monte de Jehová,
> y a la casa del Dios de Jacob;
> y nos enseñará en sus caminos,
> y andaremos por sus veredas;
> porque de Sión saldrá la ley,
> y de Jerusalén la palabra de Jehová.

> — MIQUEAS 4:1-2

Cómo enfrentar y manejar
situaciones difíciles

Cuando vienen las dificultades, vienen por una razón: impedir que usted siga subiendo el monte para adorar a Dios. El enemigo lo quiere mantener agobiado bajo el peso de esas dificultades. No quiere que suba al monte, porque una vez que comience a adorar a Dios, va a comenzar también a ascender por encima de sus problemas.

¿Ha notado alguna vez lo grandes que se ven las situaciones cuando se miran desde el pie del monte, y lo pequeñas que se ven desde el lugar privilegiado de la cima, cuando se mira hacia el valle? Cuando usted haya subido al monte de la adoración, quedará atrapado en la grandeza de Dios, y sencillamente, en lo maravilloso que Él es. Mientras vaya subiendo a la cima, en realidad irá superando su problema a base de subir a la presencia de Dios. Es algo similar a volar en avión: a más de diez mil metros de altura sobre la tierra, las cosas se ven muy pequeñas.

Los montes no sólo nos hablan de adoración; también nos hablan de ocupar un alto lugar con Dios. Fue en un monte donde Jesús se transfiguró ante sus discípulos (Mateo 17:1-2). En el monte de la adoración hay un lugar donde ni siquiera el enemigo nos puede tocar. Hay una senda, un lugar con Dios, que no conoce ningún ave, ni los ojos del halcón han visto. "Senda que nunca la conoció ave, ni ojo de buitre la vio; nunca la pisaron animales fieros, ni león pasó por ella" (Job 28:7-8).

En las Escrituras, la Palabra está hablando de Satanás y sus espíritus malignos cuando menciona aves, halcones, buitres, animales fieros y leones. Hay un lugar donde ninguna de estas cosas lo puede tocar. Estamos protegidos allí por medio de la sangre de Jesús.

Hay un lugar para que nosotros caminemos, donde Satanás no nos puede seguir. Hay una calzada, un camino llamado "camino de santidad". Es un camino reservado estrictamente para que anden por él los redimidos.

Y habrá allí calzada y camino,

y será llamado Camino de Santidad;
no pasará inmundo por él,
sino que él mismo estará con ellos;
el que anduviere en este camino, por torpe que sea,
no se extraviará.
No habrá allí león,
ni fiera subirá por él,
ni allí se hallará,
para que caminen los redimidos.
Y los redimidos de Jehová volverán,
y vendrán a Sión con alegría;
y gozo perpetuo será sobre sus cabezas;
y tendrán gozo y alegría,
y huirán la tristeza y el gemido.

— ISAÍAS 35:8-10

No se contente con el lugar donde se halla en su relación con Dios. No deje que el enemigo lo mantenga bajo el peso de las situaciones que hay en su vida. Amigo, Dios quiere que usted suba al monte de su presencia. Allí hay un lugar reservado para usted, donde Dios quiere que usted se siente junto a Él. Hay cosas que le quiere mostrar allí, y la única forma de verlas es subir. Aún quedan ámbitos de su presencia que alcanzar. Todo depende de usted. Es usted mismo quien decide hoy dónde va a caminar.

Dios lo está buscando

Dios no ha buscado nunca su adoración; al que ha buscado es a usted mismo. Aunque hoy son muchos los que llenan las bancas de las iglesias, Dios sigue buscando verdaderos adoradores en medio de la multitud. Anhela tener adoradores que se reúnan para adorarle; que sean como la mujer que tuvo el flujo de sangre por doce años, que se abrió paso en medio de la multitud para tocar a Jesús. La adoración produjo en ella la sanidad (Marcos 5:25-34).

Dios está buscando la adoración que cantamos en lo más profundo del corazón.

Dios busca una adoración que fluya desde nuestro corazón. A Él no lo mueve la música, ni las melodías de nuestros cantos. Dios es Espíritu. Eso quiere decir que es invisible; que no es posible verlo. Mientras que muchos tratan de impresionarlo con sus talentos y su buena música, Él se siente atraído por la adoración de nuestro corazón. Anda en busca de la adoración que no se ve. La adoración que Él busca no se halla en nuestra forma de adorar, ni en nuestra capacidad para hacerlo. Está buscando la adoración que cantamos en lo más profundo del corazón. Esa adoración no tiene que ver con lo bien que usted cante o toque un instrumento, pero está totalmente relacionada con el estado de su corazón mientras adora.

> Quitad, pues, ahora los dioses ajenos que están entre vosotros, e inclinad vuestro corazón a Jehová Dios de Israel.
>
> — JOSUÉ 24:23

> Esté con nosotros Jehová nuestro Dios, como estuvo con nuestros padres, y no nos desampare ni nos deje. Incline nuestro corazón hacia él, para que andemos en todos sus caminos, y guardemos sus mandamientos y sus estatutos y sus decretos, los cuales mandó a nuestros padres.
>
> — 1 REYES 8:57-58

La adoración debe brotar de nuestro corazón

Para que nuestra adoración sea real, debe ir más allá de la expresión externa de los cantos, las palmas o las manos levantadas. La mejor forma de describirla es la imagen de Dios inclinándose hacia delante, como si lo fuera a besar a usted. Pasa por encima de lo que estamos diciendo con nuestros labios, y se inclina para acercar su oído a nuestro corazón. Escucha atentamente para oír se la adoración de nuestros labios está de acuerdo con la de nuestro corazón. ¿Están cantando el mismo canto su corazón y su boca?

La invitación a adorar es muy parecida a cuando nos invitan a danzar. En la adoración le hemos dado la bienvenida, pero ahora es Él quien extiende su mano, y usted responde. El Rey quiere danzar ésta y todas las demás piezas con usted. Extiende la mano, y usted responde. Se inclina hacia delante para darle un beso de intimidad, y usted responde.

En los bailes de salón formales de tipo victoriano, los invitados tienen carnés o tarjetas de baile en los cuales anotan los nombres de las personas para las cuales han reservado cada una de las piezas. Usted tiene también un carné de baile. Sólo un nombre aparece en él para todas las piezas: *Jesús*. El Novio ha venido a danzar con usted, que es la novia. Rodeados de luz, una interminable marcha nupcial los envuelve a los dos: usted y el Amador de su alma. Juntos como uno, la luz y la música fluyen de un corazón, mientras usted y el Rey danzan, y los ángeles observan maravillados.

La restauración del altar de la adoración

> Cuando oyó Asa las palabras y la profecía del profeta Azarías hijo de Obed, cobró ánimo, y quitó los ídolos abominables de toda la tierra de Judá y de Benjamín, y de las ciudades que él había tomado en la parte montañosa de Efraín; y reparó el altar de Jehová que estaba delante del pórtico de Jehová.
>
> — 2 CRÓNICAS 15:8

Qué lección tan maravillosa podemos aprender del viaje emprendido por Asa al restaurar el altar de la adoración. Restauró el altar del Señor. Nosotros hemos levantado muchos altares dedicados a los ídolos que tenemos en el corazón. El altar de la verdadera adoración es un lugar para honrar a Dios. Así como hacía falta restaurar la adoración en los días de Asa, ahora Dios quiere renovar la verdadera adoración en su corazón. Cuando el altar de la adoración quede restaurado en su vida, entonces la adoración lo restaurará a usted.

Cuando el pueblo adoraba a Dios en el Antiguo Testamento y en el Nuevo, la adoración producía restauración y sanidad. La adoración repara los daños hechos por el pecado. Repara y renueva, porque la adoración verdadera restaura. La restauración del altar de la adoración hace que el adorador también sea restaurado.

Cuando usted reconstruya el altar de la adoración, la adoración lo reconstruirá a usted. Si quiere que Dios lo repare y restaure, repare hoy el altar de su adoración. La sanidad lo está esperando en ese altar. Todos los que entraban a la presencia de Jesús quedaban sanados.

- El leproso adoró, y fue sanado y purificado (Mateo 8:2).
- La hija del gobernante fue levantada de la muerte cuando él adoró a Jesús (Mateo 9:18, 25)
- La mujer gentil vino y lo adoró, y su hija, poseída por un demonio, fue liberada y sanada (Mateo 15:25, 28).
- Un hombre poseído por demonios fue liberado cuando vio a Jesús de lejos, corrió hacia Él y lo adoró (Marcos 5:6, 8).
- Un ciego adoró a Jesús después de haber sido sanado (Juan 9:38).

Ya es hora de que usted adore y ore. Estimado amigo, Dios lo creó para que lo adorara. Pero, ¿cómo podemos decir con verdad que hemos adorado a Dios, cuando tenemos el corazón tan repleto de heridas? Es hora de que siga adelante, y vaya más allá de las heridas del pasado. Pídale hoy a Dios que le quite todo el resentimiento y el dolor, toda la amargura y la ira invisible que no sólo está contaminando su corazón, sino también robándole el deseo y el futuro que Dios tiene para usted. Esa amargura lo va a matar lenta y silenciosamente.

Dios lo creó para que lo adorara.

En estos mismos momentos se le está haciendo una invitación. Dios lo quiere recibir en su presencia. Está extendiendo los brazos, y quiere que usted le responda. El Rey quiere danzar con usted. Extiende hacia usted su mano. ¿Cómo le responderá ahora? Se está inclinando hacia delante para darle un beso de intimidad. ¿Le responderá besando su rostro y pidiéndole que lo perdone? Aquí, en este lugar íntimo con el Rey, la sanidad lo está esperando. Una nueva vida puede comenzar aquí y ahora mismo. Sólo tiene que inclinarse usted también hacia delante con todo el corazón y decirle: "Sí, Señor, estoy listo para esta nueva relación contigo".

Epílogo

El 9 de enero de 2002 yo estaba ministrando donde Terry Mahan. Esto sucedía durante mi ayuno, y sentía que me estaba deshaciendo, por lo real que se había vuelto la presencia de Dios. Tenía los ojos cerrados durante la adoración, dedicado a amar esa presencia. Durante esos instantes, vi una hermosa escena en una visión.

Yo estaba de pie junto a la puerta de una casa grande y hermosa. Un hombre muy bondadoso y amable fue a mi encuentro en la puerta, me dio la bienvenida y me indicó que entrara. Me quedé impresionado de lo bondadoso que aquel hombre era conmigo. Parecía ser como un rey; la casa era un palacio que no se podía describir con palabras. Me sentí abrumado por su bondad. ¿Por qué me permitía entrar y estar con él? Estaba pensando en lo bondadoso y agradable que era todo aquello; ¿qué haría yo allí? Atravesamos el vestíbulo de la casa; era hermoso, pero después entramos en un lugar que parecía la sala del trono, y era más hermoso aún. Yo me seguía preguntando: "¿Por qué estoy aquí? ¿Por qué él me ha recibido así? ¿Qué clase de hombre es éste?

Entonces, él caminó hacia el trono; subió un par de escalones y quedó de pie frente al trono más hermoso que he visto jamás. El trono estaba repleto de joyas engastadas en oro. El color del oro y de las joyas no se parecía a nada que yo hubiera visto. Ahora estaba contemplando la belleza del trono, y me olvidé del hombre que estaba de pie frente a él; me había centrado en la belleza del trono. Entonces, el hombre se sentó en el trono, y pareció desaparecer de mi campo de visión, porque yo estaba estupefacto ante la belleza de aquel trono.

El Señor me habló para decirme: "No centres tu vista en la belleza de mi trono. La belleza de la persona se puede perder con facilidad en la del trono. Mantén los ojos fijos en mí, y no en el trono. Cuando yo libere cosas nuevas en tu vida — mi presencia, mi gloria, mi poder, mis bendiciones—, no te centres en esas cosas, sino mantén los ojos fijos en mí".

Entonces me dijo: "Sam, siembra tus semillas de adoración".

El Señor está recibiendo semillas y enviando la cosecha de esas semillas que se están sembrando en el campo de la adoración. Aquí es donde se aproxima la gran cosecha; la de lo obtenido con las semillas sembradas en los campos de la adoración, que van a producir esa gran cosecha. Se aproxima un refrescar del conocimiento del Espíritu Santo, y viene pronto.

Amigo, le pido a Dios que usted fije sus ojos en Jesús.

Adore al Dios vivo y verdadero con todo el corazón.

Deje que el Espíritu Santo lo refresque.

Dance con el Rey.

Bese su rostro.

Notas

Capítulo 1: El corazón anhelante

1. Sam Hinn, *Cambiados por Su presencia* (Buenos Aires, Argentina: Editorial Peniel).

Capítulo 2: ¿Qué impide una adoración verdadera?

1. Este relato de mi experiencia en el culto con James Robison ha sido adaptado de mi obra anterior, *Cambiados por Su presencia.*

2. Notas de la primera columna en la Biblia en inglés, Nueva Versión del Rey Jaime, para 1 Corintios 3:1-4.

Capítulo 6: Muéstrame tu gloria

1. Números y Concordancia de Strong Nuevos en inglés de Biblesoft con Diccionario ampliado hebreo y griego. Copyright © 1994, Biblesoft and International Bible Translators, Inc.

Capítulo 10: Creado para adorar

1. Sir Isaac Newton, *Opticks: Treatise of Reflections, Refractions, Inflections and Colours of Light* (Dover Publishing, 1979).

2. Serie The Nature of Science, Physics XI — *The Light Fantastic: Physics 2000 Explorer Science.*

3. Le quiero manifestar de manera especial mi agradecimiento a Ray Hughes, maravilloso hombre de Dios, cuyo libro *Sound of Heaven, Symphony on Earth* (Morning Star Publications), me ha ayudado tanto, además de las conversaciones personales que he sostenido con él,. ¡Gracias, Ray!

Casa Creación

Presenta

libros que impactarán
su vida

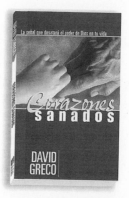

CASA
CREACIÓN
ALIMENTANDO
SU ESPÍRITU

www.casacreacion.com

1174B

¡210,000
personas leen
Vida Cristiana!
¿Es usted uno de ellos?

Vida Cristiana es la revista que le trae las noticias sobre la obra de Dios en el pueblo hispano.

Permita que **Vida Cristiana** le ayude a:

✧ **Experimentar el gozo** de tener una relación íntima con Dios.

✧ **Ser partícipe** del avivamiento que Dios está derramando mundialmente.

✧ **Ser transformado** por el poder de Su Espíritu.

CARISMA Y
Vida Cristiana

¡Ahorre 35%!

Cristiana es un verdadero instrumento de unidad en el ...o de Cristo. Es una revista que yo recomiendo ...nalmente. Los animo a suscribirse hoy."
—Marcos Witt

...scríbase a Vida Cristiana hoy y recibirá un regalo GRATIS con su suscripción pagada!

❏ **¡Sí! Quiero SUSCRIBIRME a Vida Cristiana por un año por sólo $11.00**
❏ **¡Sí! Quiero SUSCRIBIRME a Vida Cristiana por dos años por sólo $20.00**

...MBRE *(letra de molde, por favor)*

...ECCIÓN

...DAD/ESTADO/CODIGO POSTAL/PAÍS

...EFONO   FAX   DIRECCIÓN ELECTRÓNICA (E-MAIL)

...ago incluido (recibirá un regalo gratis)❏ Cárgolo a mi tarjeta de crédito # _____

...nvíenme factura (solamente en E.E.U.U)   Fecha de vencimiento: _____

...uera de los Estados Unidos, por favor añada $5 (m.EE.UU.) de cargo a las suscripciones de un año y $10 a las de 2 años.

www.vidacristiana.com

Vida Cristiana 600 Rinehart Rd., Lake Mary, Florida 32746
Para servicio inmediato llame al 1-800 -987-VIDA • (407) 333-7117

0891